Wolfgang Schmidbauer

Coaching in der Liebe

Wolfgang Schmidbauer

Coaching in der Liebe

Neue Spielregeln für ein Leben zu zweit

KREUZ

Inhalt

1. Einleitung:
Coaching in der Liebe

Unsere Beziehungen sind frei, mit allen guten und gefährlichen Folgen. Eltern, Clanchefs, Priester haben den Liebenden nicht mehr viel zu sagen.

Die Vorstellung vom Partner, der nur genug lieben müsse und alles werde gut, gehört in eine Gesellschaft, die es nicht mehr gibt. Der Augustinus zugeschriebene Satz »Liebe und tu, was du willst!« hat schon früher die Fähigkeit ignoriert, sich über Motive zu täuschen.

Gegen das Konzept des Coachings in der Liebe lässt sich einwenden, dass hier ein Begriff, der eigentlich in die Welt der bezahlten Dienstleistungen gehört, in den intimen Austausch der Partnerschaft importiert wird. Ich sehe darin jedoch weder einen Vorteil noch einen Nachteil, sondern lediglich eine Notwendigkeit.

In konfliktträchtigen Liebesbeziehungen verhalten sich die Partner ganz ähnlich wie Personen, welche im Arbeitsleben Kränkungen nicht verarbeiten können.

Vergleiche mit verwandten Situationen werfen ein neues Licht auf verfahrene zwischenmenschliche Konflikte. Ein Paar, das in seinen Vorstellungen gemeinsamer Liebe und gemeinsamer Harmonie gescheitert ist und sich wechselseitig Liebesversagen vorwirft, ist oft sehr entlastet, wenn es sich aus dieser Sackgasse befreien und seine Probleme so betrachten kann, als seien sie denen eines Managers vergleichbar, der Mitarbeiter führen muss.[1]

Was ist Coaching?

»Coach« bedeutet ursprünglich »Kutsche«. Seit Mitte des 19. Jahrhunderts wurde dieses Transportmittel in England quasi vermenschlicht und der Ausdruck auch auf Nachhilfelehrer für Studenten angewendet. Ausgehend vom Sport hat das Wort später eine Karriere in der Unternehmensberatung, der Organisationsentwicklung und in der Ausbildung von Führungskräften gemacht. Coaching gilt als Mittel, Fähigkeiten zu verbessern, wobei der Unterschied zur »normalen« Pädagogik vor allem in einer persönlichen, intensiven Beziehung gesehen wird. Die Übergänge zur Personalentwicklung – einer wichtigen Aufgabe in modernen Betrieben – und zur Psychotherapie (in dem Begriff des Life Coaching) sind unscharf.

Coach für den Partner sein, wo dieser Unterstützung braucht? Im Gegenzug von ihm unterstützt werden, wo die eigene Rolle unsicher ist? Davon ausgehen, dass eine Partnerschaft darauf beruht, das Miteinander *zu erlernen*? Den Partner, die Partnerin nicht nur bewundern, um es sich in der Liebe bequem zu machen, sondern Ängste und Unsicherheiten des Gegenübers wahrneh-

---

1 Wolfgang Schmidbauer, *Das Mobbing in der Liebe*, Gütersloh 2007, S. 8.

men und es unterstützen – aber auch darauf bestehen, dass eigene Ängste, eigene Unsicherheiten nicht entwertet werden? Ich bin überzeugt, dass Paare heute solche Haltungen brauchen, um auszugleichen, was an verbindlichen Traditionen und Halt in den Ursprungsfamilien fehlt.

Neben einer Betonung der Notwendigkeit von Coaching in der Liebe soll aber auch gleich ein Gedanke zu den Gefahren stehen. Diese hängen damit zusammen, dass Wissen immer auch Macht ist. Das gilt nicht zuletzt für psychologische Einsichten und psychologische Techniken. Die meisten Menschen wünschen sich Macht und fürchten sie zugleich. Macht verspricht Sicherheit. Aber sie ist auch gefährlich, da sie Neid und Rivalität weckt. Daher begehren viele Menschen die unangefochtene und unsichtbare Macht, die darin liegt, anderen zu helfen. Auch in den Techniken der psychologischen Beratung und Unterstützung können mehr oder weniger subtil eingesetzte Machtmittel gesehen werden, von denen sich ein Partner Macht über den anderen verspricht.

Aus diesem Grund sind Sorgfalt und genaue Beobachtung notwendig, um die in die Unterstützung und vermeintliche Förderung eines Gegenübers einfließende Machtausübung zu prüfen. Der ohnmächtige Helfer ist nutzlos, der eigensüchtige gefährlich, der aufopfernde instabil: Brauchbares Coaching ist nur dort möglich, wo *beide Seiten* die Interaktion als produktiv erleben.

Die häufigste Form des untauglichen Helfens ist die aufopfernde Unterstützung einer Unersättlichkeit: Die Großmutter gibt dem Enkel Geld, mit dem er seine Drogenabhängigkeit finanziert; die Coalkoholikerin arbeitet für zwei, um den Alkoholismus ihres Partners zu vertuschen. Die Großmutter bringt den Enkel in die Rolle des Undankbaren, der sie am Ende bestiehlt, weil sie ihm nichts mehr geben will; der Enkel zwingt seine Großmutter in die Rolle der Versagerin, deren Hilfe trotz aller Opfer gescheitert ist.

Der Trinker fühlt sich wertlos, weil er immer wieder seine Zusagen gebrochen hat; er kann sich nüchtern nicht mehr ertragen. Die Coalkoholikerin empfindet sich selbst als gescheitert und ihre Kinder als undankbar, weil diese ihr jetzt vorwerfen, sie hätte sich viel früher von dem alkoholkranken Vater trennen müssen. Beide Verhaltensweisen sind gut gemeint. Sie werden als hilfreich erlebt – »Ich kann doch den Süchtigen nicht im Stich lassen« –, aber sie führen noch tiefer in die Sackgasse hinein und nicht aus ihr heraus.

Es liegt nahe, in solchen Situationen das indianische Sprichwort zu zitieren: »Wenn du erkennst, dass du einen toten Gaul reitest, steig ab!« Aber hier steht auch die Gefahr der Verleugnung im Raum. Der Reiter ist »besser« als der Wanderer, daher muss, wer den toten Gaul reitet und nicht vorankommt, erst einmal von dem hohen Ross herunter. Es muss wahr sein dürfen, dass eigene Bemühungen scheitern, dass Erfolg jetzt nicht darin liegt, das angestrebte Ziel zu erreichen, sondern darin, Energie zu sparen. Es geht dann darum, sinnlose Anstrengung einzustellen, auch wenn diese Einsicht schmerzt.

2. Destruktive und konstruktive Rituale in der Liebe

Es ist wie ein Wunder, wenn aus einem Paar, das in einer Liebeskrise steckte, doch wieder ein Liebespaar wird. Die Lage schien hoffnungslos verfahren. Wie konnte aus einer Welt von Hass, Streit und Verwirrung wieder Lust und Zärtlichkeit werden? In Paaranalysen rätseln dann manchmal beide, wie es kam. Jeder erklärt unter dem Stern der jetzt (wieder) entstandenen liebevollen Überschätzung des Gegenübers die wundersame Verwandlung durch das Verhalten des anderen: »Du nörgelst nicht mehr an mir herum!« – »Du fährst nicht mehr sofort aus der Haut!«

Eine Veränderung wie die oben angedeutete lässt sich so begreifen: Die Partnerin hat aufgehört, ihren Mann zu kritisieren, wenn er wieder mal eine Kleinigkeit nicht gut macht. Nun kann er aufhören, sich wütend gegen solche »Verbesserungen« seiner Persönlichkeit zu verteidigen. Diese Verteidigung hat ihm bisher nur den Vorwurf eingetragen, unhöflich zu sein, sich im Ton zu vergreifen.

Wer sowohl die Biografien der Partner wie deren Interaktion untersucht, findet ein komplexes psychologisches Geschehen, das nicht mit der Störung oder Neurose *eines* der Partner erklärt werden kann. Ob ein verborgener Schwachpunkt der Liebesbeziehung aktiviert und dadurch die Wiederherstellung der Liebesfähigkeit bei einem Paar unmöglich wird, *hängt nicht von der individuellen Psyche, sondern von Interaktionen ab.*

Diese müssen auf fünf verschiedenen Ebenen untersucht werden, die ich hier kurz skizziere:

1. Die individuelle Frühstörung

Die menschliche Fähigkeit, eigene Impulse zu verstehen und mit Vorstellungen (zum Beispiel über das Erleben des Partners) zu verknüpfen, entsteht in der frühen Kindheit durch »Spiegelung«, durch die Aufmerksamkeit der Mutter (oder ihrer Ersatzpersonen) für die Gefühlsäußerungen des Kindes. Wer Empathie »kann«, weil er sie selbst als Kind erfahren hat, dem fällt es viel leichter, den Partner in seinen Gefühlslagen wahrzunehmen und ihn auch zu verstehen.

2. Ödipale Einflüsse

Menschen lernen ihre Geschlechtsrollen durch Identifizierung. Um sich harmonisch zu identifizieren, müssen sie sich als Kinder an Erwachsene binden können, die sie bewundern. Das gelingt zum Beispiel nicht, wenn die Eltern sich wechselseitig entwerten, wenn sie das Kind misshandeln oder ihm Geschwister vorziehen.

3. Das Geschehen während der Adoleszenz

Im Zuge der Entwicklung des reflektierenden Ich suchen junge Erwachsene nach ihrer eigenen Identität und verankern diese in Beziehungen zu Altersgenossen, aber auch zu den jetzt zunehmend kritisch gesehenen Eltern. Die Volljährigkeit enthält auch die Aufgabe, eine eigene Vorstellung von Austausch und Gerechtigkeit zu entwickeln und eigene kindliche Erwartungen zu prüfen.

4. Die Symbiose während der Verliebtheitsphase

Das Selbstgefühl wird durch Verliebtheit gehoben und gestärkt; die von Freud beschriebene »Überschätzung des Sexualobjekts« fördert die Bindung, stimuliert die erotische Lust und motiviert intensive (Lern-)Leistungen. Verliebte verschmelzen mit dem Gegenüber. Die seelischen Einschränkungen, welche durch eine Frühstörung oder negative Einflüsse aus den späteren Phasen entstanden sind, scheinen nicht mehr zu gelten.

5. Die Erweiterung der Symbiose

In der Symbiose sind Trennung und Untergang der Beziehung identisch, daher muss beispielsweise der Partner auch alles Wichtige wissen. In der *Triangulierung* (wörtlich: der Dreieck-Schöpfung) erweitert sich das symbiotische Geschehen um Dritte. Diese werden nicht als gefährlich, sondern als hilfreich erlebt. Das beginnt mit der Fähigkeit der Partner, Verwandte, Freunde oder Nachbarn des Gegenübers nicht als Bedrohung zu erleben, sondern sich bereichert oder entlastet zu fühlen.

Beispiel: Ich bin froh, dass meine Frau mit ihrer Freundin ins Kino geht, weil mich die von ihr bevorzugten Problemfilme nicht interessieren, während sie den von mir bevorzugten Blockbustern nichts abgewinnen kann.

In der Triangulierung bleibt das Gute in der Beziehung erhalten, auch wenn sie nicht alles umfasst. Wo einem Paar die Triangulierung nicht gelingt, muss alles Wichtige gemeinsam sein und geteilt werden. In unserem Beispiel wäre es das Ziel, den unterschiedlichen Filmgeschmack anzugleichen, da diese Unterschiede als Signale einer »schlechten« Beziehung gefürchtet werden.

An der Fähigkeit zur Triangulierung lässt sich auch ablesen, wie sehr die hier aufgelisteten Faktoren zusammenwirken. Wer sich gut einfühlen kann und sein Selbstgefühl durch tragfähige Identifizierungen festigen konnte, hat es viel leichter, sich angstfrei von den Wertvorstellungen, Vorlieben und Wünschen seines Gegenübers zu unterscheiden.

Ob eine Liebesbeziehung tragfähig oder riskant ist, hängt davon ab, wie die archaischen Flucht-Kampf-Reaktionen bei den Partnern kontrolliert werden können. Sowohl die neurowissenschaftliche wie auch die psychoanalytische Forschung kommen zu dem Ergebnis, dass traumatische Erfahrungen während der frühen Kindheit die Verarbeitung von Angst und Wut (manchmal pauschal »seelische Reife« genannt) erschweren.

Wenn ein kleines Kind heftigen Impulsen ausgeliefert ist, ohne dass ihm eine einfühlend zugewandte Bezugsperson die Differenzierung dieser Affekte erleichtert, kann es keine ausreichend stabile eigene Unterscheidung zwischen (vorübergehender) Trennung und (vollständigem) Verlust erwerben. »Frühgestörte« Menschen reagieren auf eine Störung der symbiotischen Nähe mit Panik und/oder Aggression. Sie können sich nicht beruhigen und die Kränkung gegen die »guten« Erfahrungen mit dem Liebesobjekt abwägen.

Psychoanalytiker formulieren dieses Geschehen eher als einen Prozess, in dem sich innere Bilder der Mutter festigen oder spalten; Neurowissenschaftler denken an Bahnungen im limbischen System und in den Mandelkernen, die durch heftige, ungemilderte Affekte gesetzt und »eingebrannt« werden. Sie lassen sich später nur begrenzt durch die Tätigkeit der Großhirnrinde, also die Steuerung durch Einsicht und im Hinblick auf Zweckmäßigkeit, korrigieren.

Gegenwärtig ist der neurowissenschaftliche Mythos beliebter, weil er an dem Ansehen der Naturwissenschaften partizipiert und zu versprechen scheint, wir würden unser Erleben irgendwann ähnlich dramatisch kontrollieren können wie den Start und die Landung eines Flugzeugs. Wer die neurowissenschaftlichen Autoren kritisch liest, findet freilich bald heraus, dass sie ihre Aussagekraft und ihren Ruhm – nicht anders als seinerzeit Sigmund Freud – nicht exakten Ergebnissen, sondern rhetorischen Fähigkeiten verdanken. Sie liefern uns anschauliche Modelle, die Beobachtungen ordnen können, keine exakten Messdaten, die mathematisch formulierte Theorien des menschlichen Verhaltens ermöglichen würden. Der Kliniker bleibt ebenso wie der Betroffene, der sich selbst besser verstehen will, auf Beobachtungen angewiesen.

Die Gefahr impulsiver Reaktionen steigt bei Personen, die in ihrem frühen Reizschutz verletzt wurden. Starke Angst erzwingt rücksichtslose Versuche, die Außenwelt so zu verändern, dass die Angst nachlässt. Die Schwelle zur Aggression ist herabgesetzt. Wenn Angst und Wut miteinander ringen, kann das Ergebnis dem Totstellreflex anderer Organismen gleichen, obwohl solche Reaktionen nicht instinktiv sind, sondern auf einem Widerspruch zwischen animalischen und kulturell geprägten Impulsen beruhen.

Die 17-Jährige streitet mit ihrem ersten Freund. Sie hat sich in diese Beziehung aus einem traumatischen Elternhaus geflüchtet. Er will genervt nach Hause gehen. Sie bittet ihn, zu bleiben, die Sache auszudiskutieren. Er sagt: »Genug diskutiert, du nervst!« Sie reißt das Fenster auf – »Wenn du gehst, springe ich.« Er bleibt, ist aber so schockiert, dass er die Beziehung beendet. Sie schneidet sich mit einer Rasierklinge in den Unterarm. Ihre Eltern rufen den Notarzt. Sie wird in der Klinik versorgt und in eine Psychotherapie überwiesen.

Wir können uns andere Ausgänge vorstellen: Der Freund geht so einfühlend auf die symbiotischen Bedürfnisse ein, dass es nie zu einem solchen Streit kommt. Beide bleiben zusammen, heiraten, bauen ein Haus, haben Kinder und Enkel und sterben schließlich kurz hintereinander, weil keiner ohne den anderen sein kann.

Oder aber: Die beiden bleiben zunächst zusammen, heiraten, bauen ein Haus, empfangen ein Kind. Mit diesem Ereignis kommt auch die Krise, es gibt ständig Streit; die junge Mutter ist enttäuscht, dass ihr Mann nur darüber jammert, dass sie das Baby mehr liebt als ihn, und der junge Vater hat den Eindruck, dass er jetzt nur noch dazu gut ist, Geld zu verdienen und schmutzige Windeln zu entsorgen; das früher so beglückende Sexualleben ist fast verschwunden.

Trennen sich die beiden? Schneidet sie sich jetzt, kommt in Therapie – oder findet in eine neue Liebschaft? Bleiben sie zusammen und erklären sich die Probleme damit, dass ein Kind zu wenig ist für eine richtige Familie – und bekommen noch weitere Kinder? Trennen sie sich,

16

wenn auch diese Lösung scheitert? Oder schieben sie die Trennung auf, bis das jüngste Kind 18 Jahre alt ist?

Diese Spekulationen haben ihren Zweck erfüllt, wenn aus ihnen deutlich wird, dass die *individuellen Störungsanteile* durch das Beziehungsgeschehen *ausgeglichen, aber auch verstärkt werden können.* Ähnlich wie die individuelle Psyche ihre Stabilität unter günstigen Bedingungen behält und unter ungünstigen verliert, können sich auch Paare unter günstigen Bedingungen stabilisieren und unter ungünstigen diese Stabilität wieder verlieren. Im Coaching geht es darum, solche Bedingungen zu fördern. Das setzt voraus, sich ein möglichst realitätsgetreues Bild des Partners zu machen und ihn in seinem Vertrauen zu festigen, *dass er die Beziehung gut macht.* Coaching in der Liebe bedeutet vor allem den Verzicht auf Aussagen, welche die Beziehung schlechtreden oder das Gegenüber entmutigen oder entwerten.

Jede Beziehung entwickelt sich sowohl durch eigenes Bemühen wie auch durch Ereignisse, welche die Partner nicht beeinflussen können. Ein Teil des Paares wünscht sich ein Kind, der andere nicht. Dieser Konflikt gefährdet die Beziehung, aber endlich einigen sich beide darauf, es zu versuchen. Nun ist das Kind gesund und pflegeleicht, und die Beziehung gewinnt an Festigkeit. Oder das Kind ist behindert, und die Beziehung zerfällt.

Wenn wir nun versuchen, tiefer in dieses Geschehen einzudringen, erkennen wir die Bedeutung der Ängste – und der Rituale, welche solche Ängste bannen, Zuversicht und Vertrauen aufbauen. Es ist einsichtig, dass Menschen soziale Geschöpfe sind und sich gegenseitig anziehen, und auch, dass sie in Streit geraten, wenn es darum geht, begrenzte Güter zu verteilen. Aber weshalb sie aus Zuständen großer Nähe und sexueller Bindung herausfallen und ein Gegenüber unerträglich finden, das sie einst begehrt haben, lässt sich nur aus dem Auftreten einer Flucht-(Kampf?)-Reaktion verstehen, die bisher in dieser Form nicht ausgelöst wurde, *weil sie rituell gebunden war.*

Die Fähigkeit von Paaren, Kränkungen zu verarbeiten, hängt eng mit der Fähigkeit zusammen, Ängste in einem zyklischen Geschehen zu belassen. Das heißt, dass die Partner über Ängste sprechen können. Dadurch gewinnt ein Partner die Möglichkeit, seine Stärke dort zur Geltung zu bringen, wo sein Gegenüber eine »Schwäche« – in den meisten Fällen eine Angst oder eine Folge von Ängsten (beispielsweise eine Vermeidung) – äußert. Dieser freie Austausch über Ängste und Schwächen setzt voraus, dass die betreffenden Personen während ihrer Kindheit nicht einer kränkenden, verletzenden Entwertung ausgesetzt waren, wenn sie Ängste äußerten.

Ein Partner, der den unbefangenen Umgang mit seinen eigenen Schwächen verloren hat, wird sie gegenüber dem Partner nicht in einer Weise zeigen, dass dieser ihn unterstützen kann. Stellen wir uns vor, dass sich ein Paar während des Urlaubs durch Lärm im Nachbarzimmer gestört fühlt. Die Frau will ein anderes Zimmer, fürchtet sich aber vor der Auseinandersetzung mit der Hotelrezeption. Sie kann nun offen über ihre Angst sprechen – oder sie kann ihrem Partner, der sich nicht so gestört fühlt wie sie und sich ebenfalls scheut, sich zu beschweren, Vorwürfe machen: Du bist kein Mann, du tust nichts für mich, du kannst dich nicht durchsetzen!

Mit dem offenen Ausdruck ihrer Gefühle gewinnt sie den Partner als Coach. Er wird vermutlich die Gelegenheit nutzen, seine Stärke zu zeigen, und gemeinsam mit ihr ein ruhiges Zimmer organisieren. Zeigt sie ihre Schwäche nicht, sondern wirft ihm vor, dass er sich nicht genauso gestört fühlt wie sie und daher Abhilfe schafft, wird er vielleicht kontern, sie sei überempfindlich.

Normalerweise erleben wir die Anforderungen unseres Organismus an das Bewusstsein zyklisch: Wir schlafen, wenn wir müde sind, wir essen, wenn wir hungrig sind, wir haben Lust auf Sex, wenn sich die Gelegenheit ergibt. Wir fürchten uns, wenn es einen Grund dafür gibt, und fürchten uns nicht mehr, wenn der Anlass entfällt.

Wenn durch eine vorangehende Traumatisierung die zyklische Leistung der Affektverarbeitung beeinträchtigt ist, führt jede nachfolgende enge Beziehung zu drei möglichen Ausgängen: Sie kann diese bereits bestehenden Defizite ausgleichen, sich ihnen gegenüber neutral einstellen oder sie verstärken. Die Aufmerksamkeit für den Coaching-Aspekt führt dazu, dass die ausgleichenden Einflüsse verstärkt und geübt werden.

Nehmen wir an, dass durch verletzende Erlebnisse in der Kleinkindzeit eine gesteigerte Angstbereitschaft angesichts aller Situationen entstanden ist, die mit Prüfung und Versagen zu tun haben. Wenn die betreffende Person heiratet, kann die Liebesbeziehung dazu führen, dass sich die entstandene Prüfungsangst abschwächt, dass sie konstant bleibt oder dass sie sich verschlechtert.

Eine junge Frau kann sich, beflügelt von ihrer ersten Liebesbeziehung, aus einer vom Verlust des Vaters belasteten Familie lösen. Sie bekommt eine Tochter. Da die Eltern noch sehr jung sind, wächst das Mädchen bei der Mutter des Vaters auf; beide bleiben berufstätig und halten den Kontakt zu dem Kind an den Wochenenden aufrecht. Nach sechs Jahren haben sie genug verdient, um eine eigene Wohnung zu kaufen. Die Ehefrau bekommt ein zweites Kind. Sie nimmt ihre Tochter zu sich und erkrankt an heftigen Ängsten: Sie kann nicht mehr aus dem Haus gehen. Die Tochter muss für die Familie einkaufen. Die Analyse ergibt, dass die Tochter der Mutter vermittelt hatte, sie wäre lieber bei der Großmutter geblieben. Diese Kränkung durch das eigene Kind traf die Mutter an einem wunden Punkt: an ihrer eigenen, sehr konfliktreichen und belasteten Mutterbeziehung. Sie hatte sich gewünscht, statt des von ihr geliebten Vaters, der tödlich verunglückt war, hätte die Mutter sterben sollen. Die Schuldgefühle über diese Todeswünsche wollte sie durch eine besonders gute, harmonische Beziehung zu ihrer Tochter ausgleichen. Sie erlebte nun mit heftigsten Ängsten, dass die Tochter die Großmutter mehr liebte als sie. Das löste in der Mutter Kampf-Flucht-Affekte aus, die sie nur durch Verdrängung und Symptombildung kontrollieren konnte.

Wenn Symptome durch einen Anklang an vorangehende Verletzungen ausgelöst werden, müssen wir komplexe Wechselwirkungen beachten. In dem oben geschilderten Beispiel wäre die Mutter vermutlich symptomfrei geblieben, wenn die Tochter nicht bei einer ausgesprochen liebevollen und großzügigen Großmutter aufgewachsen wäre, sondern beispielsweise in einer grausamen Pflegefamilie, in der jede Form von Ungehorsam mit Einsperren in den Heizungskeller bestraft worden wäre.

In diesem Fall hätte es das Kind als Erlösung empfunden, endlich zu seiner »wirklichen« Mutter zu kommen. Die Mutter hätte sich bestätigt und anerkannt gefühlt. Jetzt aber sah die Sechsjährige in der Großmutter die gute Mutter. Wenn Psychologen den Blick auf solche tragischen Qualitäten von Traumatisierungen verlieren, entgehen ihnen wichtige Verständnismöglichkeiten. Nicht das Ereignis schlechthin verletzt, sondern die Macht der Kränkung hängt von der Geschichte der Beteiligten ab, die seine Interpretation prägt.

Ob eine Situation traumatisch wirkt oder nicht, ob sie im Nachhinein als Trauma eingeschätzt wird oder nicht, *hängt von dem Zusammenhang ab, in den sie gestellt wird.* Die folgende Beobachtung zeigt eine solche Entwicklung:

Eine unsichere, alleinerziehende Mutter sorgt für eine zweijährige Tochter. Das Kind erkrankt an schwerem Asthma. Die Mutter ist so verzweifelt, dass das Jugendamt die Tochter in eine Pflegefamilie gibt, wo sie die nächsten Jahre verbringt. Die Mutter behält das Sorgerecht, traut sich aber die Versorgung des Kindes nicht zu. Dieses wird von dem Pflegevater sadistisch behandelt und sexuell missbraucht: Das Mädchen muss ihn oral befriedigen. Erst im Alter von zwölf Jahren eröffnet die Tochter der Mutter ihre Situation. Diese wagt nicht, den Täter anzuzeigen, nimmt aber das Kind zu sich und schenkt ihm, quasi zur Wiedergutmachung, einen Hund. Die Tochter macht eine Ausbildung als Erzieherin und arbeitet in einer Kinderkrippe; sie ist sehr fleißig und beliebt. Sie heiratet einen Kollegen und bekommt einen Sohn. Ihre Mutter hört von ihr nie ein kritisches Wort, sie ist die beste Mama und später Großmutter der Welt. Als der geliebte und umsorgte Hund stirbt, erkrankt die Erzieherin an Panikattacken.

Die Patientin leidet an einer bisher durch ihre Helferrolle kompensierten Angstbereitschaft, die von den traumatischen Erfahrungen (Verlust der Mutter, sexueller Missbrauch) herrührt. Der Verlust des geliebten Tieres belebt die Erinnerungen an den Verlust der Mutter; er gefährdet aber auch das Bild der liebenden Mutter und droht es durch ein Bild der kalten, bösen Mutter zu ersetzen, die sie bedenkenlos dem Pflegevater ausgeliefert hatte.

Aus diesen Beobachtungen lassen sich zwei grundlegende Mechanismen erschließen, die eine bisher kompensierte Kampf-Flucht-Reaktion gegen den Liebespartner aktivieren. Der eine ist ein Verlusterlebnis, der andere ein zusätzlicher Angstreiz. Das geliebte Tier hatte das Bild der guten Mutter gefestigt. Als es stirbt, reagiert die Patientin mit einem Zusammenbruch der bisher funktionierenden Angstabwehr.

Ähnliche Folgen kann ein Umzug haben, vor allem wenn sich daraus einschneidende Folgen für die bisher vertraute Lebensgestaltung ergeben, da Freunde, Nachbarn, Eltern, ein Arbeitsplatz aufgegeben werden müssen. Der zusätzliche Angstreiz kann eine durch traumatische Vorerfahrungen besonders verwundbare Stelle treffen und nicht erwartbare Folgen auslösen. Diese Ereignisse sind schwer zu entschlüsseln, wenn das primäre Trauma verdrängt wurde, die Betroffenen ihre Partner nicht warnen und die Paare die Folgen nicht verstehen können.

Eine 30-Jährige mit einer Tochter im Kindergartenalter diskutiert mit ihrem Partner über dessen berufliche Pläne. Er will in eine weit entfernte Stadt wechseln, wo er sehr viel bessere Chancen für einen Aufstieg zum Gruppenleiter hätte als in seiner gegenwärtigen Firma. Sie zögert; sie hat sich gerade die Rückkehr an ihren früheren Arbeitsplatz in einer Grundschule organisiert und müsste in einem neuen Bundesland ganz von vorne anfangen. Es gelingt ihm nicht, sie umzustimmen; schließlich verliert er die Geduld und schreit: »Wenn du mir solche Steine in den Weg legst, kann ich mich doch gleich umbringen!« Sie ist entsetzt und beginnt zu weinen; er lenkt ein, entschuldigt sich, nimmt die Drohung zurück, sie sei nicht ernst gemeint gewesen. Von diesem Augenblick an ist die Beziehung jedoch gestört, die Partner finden nicht mehr zu der früheren Nähe. Sie kann sich nicht mehr auf sexuelle Begegnungen mit ihm einlassen. Nach zwei Jahren trennen sich beide.

In der Analyse erinnerte sich die Ehefrau daran, dass ihre Mutter nach der Geburt eines Geschwisters depressiv wurde. Sie hatte damals der Patientin, ihrer ältesten Tochter, ihre Suizidgedanken anvertraut. Diese erlebte die Äußerungen der Mutter als Drohung und verarbeitete sie durch Überanpassung, unterdrückte Wut und später durch hastige Trennung vom Elternhaus.

Die Suizidgedanken ihrer Mutter hatte sie vergessen; sie wurden von ihr erst im Zuge der Analyse ihrer heftigen Reaktion auf die Drohung ihres Partners erinnert.

In diesem Fall trafen zwei Störfaktoren zusammen: die Ängste vor dem Verlust der vertrauten Umgebung und die traumatische Erinnerung an die Suiziddrohung der Mutter, die der Ehepartner wiederholt hatte.

Verwundbare Stellen sind ein wichtiges Thema von Mythen und Märchen. Achill wurde unverwundbar gebadet, aber seine Mutter hielt ihn an der Ferse fest. Dort traf ihn dann der tödliche Pfeil. Siegfried hinderte ein Lindenblatt, das an seinem Rücken klebte, durch das Drachenblut *ganz* gepanzert zu sein. Superman verliert seine Kräfte, wenn jemand Kryptonit in seine Nähe bringt.

Unter günstigen Umständen unterstützen sich die Partner dabei, die Gefahren abzuwenden, welche durch solche Orte größerer Verletzlichkeit geschaffen werden. Unter ungünstigen aber sorgen sie – wie Kriemhild in der Sage von Siegfried[2] – unfreiwillig dafür, dass die verwundbare Stelle getroffen wird.

Die Bedeutung einzelner traumatischer Ereignisse wird allerdings in der Regel überschätzt. In der analytischen Praxis geschieht es quasi nie, dass eine bisher verdrängte Verletzung bewusst gemacht wird und der Kranke schlagartig geheilt ist. Das ist eher ein Fall für Hollywood. Freud hat die Wirkung der analytischen Therapie mit der Formel vom »Durcharbeiten der Widerstände« gegen eine Veränderung umschrieben.

Veränderung ergibt sich aus dem *Einüben* des nichtneurotischen, nicht von Symptomen gehemmten und entstellten Verhaltens, in der Übertragung und durch die

---

2 Der spätere Mörder Siegfrieds, Hagen von Tronje, brachte Kriemhild dazu, ein Kreuzlein auf dessen Gewand zu sticken, damit Hagen ihren Mann in der Schlacht besser beschützen könne.

Übertragung unterstützt. *Nicht die Einsicht, sondern erst die durch sie ermöglichte Übung des nicht von Ängsten eingeschränkten Verhaltens verändert das Ich.*

Daher ist auch das Modell des Rituals von so großer Bedeutung für das Verständnis von stabilen und instabilen, befriedigenden und unbefriedigenden Liebesbeziehungen.[3] Einzelne Ereignisse führen dann zu Krisen in der Partnerschaft, wenn sie ein bisher bindendes Ritual zerstören. In dem Fall der sexuellen Entfremdung nach einer gar nicht ernst gemeinten Suiziddrohung wurde die Angst dadurch ausgelöst, dass eine höchst verwundbare Stelle getroffen wurde. Diese Verletzung löste bleibende Ängste aus, die in Zukunft die Nähe zum Partner erschwerten und das bisher beruhigende erotische Ritual auflösten.

Jede Belastung weckt auch Kräfte *gegen* die ausgelösten Ängste, Flucht- und Kampftendenzen. Diese Kräfte gilt es für die Unterstützung des Partners zu nutzen. Erst wenn auch dieser die Angst nicht bewältigen kann, sondern sich zurückzieht, lässt sich das bindende Ritual nicht mehr herstellen. In dem beschriebenen Fall hatte der beruflich durchaus zielstrebige Mann die erotische Initiative seiner Partnerin überlassen. Er kam aus einer Familie, in der die Mutter den Vater wegen dessen sexueller Bedürftigkeit entwertet hatte.

Ein Partner, der bisher über Klippen hinweggeholfen hat, wird diese Leistung nicht mit einem Schlag einstellen. Er wird versuchen, mit dem bisher bewährten

---

3 Vgl. Wolfgang Schmidbauer, *Unbewusste Rituale der Liebe*, Stuttgart 2014.

Repertoire zusammenzuhalten, was auseinanderzutreiben droht. Erst wenn diese Versuche über seine Kräfte oder Fähigkeiten gehen, greifen die Trennungstendenzen um sich. Und wenn sie dies tun, wecken sie durchaus noch einmal neue Ängste und auch neue Kräfte, wieder zu verbinden, was da auseinanderstrebt.

Nun wäre es wieder zu einfach gedacht, den Anstrengungen des Partners nur wohltätige Folgen zuzuschreiben. Wer mit den Fluchttendenzen und Kampfbereitschaften eines geliebten Menschen zu tun hat, greift oft zu den verkehrten Mitteln. Er füllt den Feuerlöscher mit Benzin. Dem Gegenüber muss ein für alle Male eingetränkt werden, dass sein Verhalten – wenn nicht sofort ungeschehen gemacht – Gift für die Liebe ist. Gegen scheinbare Gefahren richtet sich dann die unkontrollierbare Lizenz zur Notwehr.

Die 35-jährige Rechtsanwältin hat ihren Job geliebt, aber sie wünscht sich auch Kinder. Ihr Partner kann ein Notariat in einer Kleinstadt übernehmen. Er verdient jetzt zuverlässig so viel Geld, dass sie beide sorglos davon leben und eine große Familie ernähren können. In rascher Folge kommen drei Kinder auf die Welt. Sie hat ihre Berufstätigkeit aufgegeben, während er das Notariat aufbaut und überzeugt ist, dass er alles, was er dort leistet, für die Familie tut. Als sie beginnt, über seinen Mangel an Präsenz als Vater zu klagen, reagiert er mit schneidender Schärfe – ihr Horizont ende wohl inzwischen an der Tür der Villa, die er finanziere! Er kümmere sich um eine erfolgreiche Kanzlei, das werde niemandem geschenkt! Wenn er ein Au-pair-Mädchen finanzieren müsse, kein Problem!

Sie lässt sich einschüchtern, bemerkt aber erst jetzt, wie viel Selbstbewusstsein sie verloren hat, wie sie sich jetzt gegen Argumente nicht wehren kann, die sie früher, als junge Anwältin, zerfetzt hätte. Sie verliert die Lust, mit ihm zu schlafen, lässt aber aus Angst vor den Szenen, die er dann macht, immer wieder Intimitäten zu. Er glaubt dann, er habe seine aus unerfindlichen Gründen mitten in ihrem schönen Leben undankbarerweise unzufriedene Frau wieder einmal glücklich gemacht, während sie gegen Ängste ankämpft, beschmutzt und entwürdigt worden zu sein.

Um seine Niedergeschlagenheit über den sexuellen Rückzug seiner Frau zu betäuben, beginnt der Mann abends eine Flasche Wein zu leeren. Er hat »vergessen«, dass seine Partnerin Alkoholgeruch mit ihrem Vater verbindet, dessen Trunksucht ihre Kindheit belastete. Er ist schließlich kein Alkoholiker, er ist Genießer und Kenner; seine Mandanten wissen, dass er einen guten Tropfen schätzt, und bringen die eine oder andere Flasche mit. Die kann er doch nicht stehen lassen.

An einem Abend will er mit ihr schlafen. Er hat vorher noch die Flasche geleert, die er zum Abendessen entkorkt hatte. »Du bist betrunken!«, sagt sie. »Ich finde das widerlich. Ich will nicht mehr mit dir schlafen, wenn du betrunken bist, ich fühle mich benutzt!«

Für ihn bricht eine Welt zusammen. Seine Frau hat von ihm behauptet, er sei ein Mann, der Frauen benutzt und dann wegwirft! Das kann doch nicht wahr sein. Das ist der Dank für die ganze Mühe, die er sich gemacht hat, um für die Familie zu sorgen, für die ganze Verantwortung, die er sich aufgeladen hat. Er zieht sich von ihr zurück, rührt sie nicht mehr an, lässt es sie aber spüren, wenn er den Eindruck hat, dass sie den Haushalt nicht ordentlich organisiert und den Kindern Marmelade auf den Frühstückstisch stellt, deren Haltbarkeitsdatum abgelaufen ist. Gelegentlich, wenn er eine zweite Flasche Wein aufmacht, sagt er ihr, er ertrage dieses Leben nicht, vielleicht wäre es besser, sich zu trennen, so habe er sich eine Ehe nicht vorgestellt.

Sie fürchtet sich vor ihm. Sie hat Angst um die Kinder, die ihren Vater doch lieben und ihn nicht verlieren dürfen. Als sie in Träumereien versinkt, es wäre vielleicht für alle das beste, wenn sie nicht mehr da wäre, wenn sie alle Tabletten, die sie seit einigen Jahren zum Schlafen braucht, auf einmal nehmen und sich dann im Schnee in ein Gebüsch legen würde, erschrickt sie und sucht therapeutische Hilfe.

In der Therapie kommt es zu folgendem Dialog:

»Ich bin doch nicht betrunken. Du bist überempfindlich, das liegt an deinem Alkoholiker-Vater, dafür kann ich nichts!«

»Mein Mann gibt nicht zu, dass er Alkoholiker ist. Es ist ja auch nicht so wichtig. Ich ertrage es nicht, dass er mich bedroht.«

»Was soll das? Ich habe dich noch nie bedroht. Du bedrohst unsere Beziehung!«

»Hast du nicht immer wieder gesagt, dass es so nicht weitergeht, dass du es so nicht mehr erträgst, dass du dich trennen willst, wenn wir nicht zu unserer früheren Liebe zurückfinden?«

»Das habe ich gesagt. Aber ich kann mir ein Leben ohne die Kinder nicht vorstellen. Nur so lieblos, wie du bist, will ich auch nicht weitermachen.«

Wer solche Dialoge hört, sieht zwei Menschen, die suchen, was sie verloren haben. Es liegt vor ihnen, aber sie können es nicht erkennen. *Ich bin doch immer noch, was du einst geliebt hast, warum nur tust du es nicht mehr? Ich würde ja gerne wieder empfinden, was ich einmal empfunden habe, aber ich kann es nicht. Es ist vorbei.*

»Können Sie nicht versuchen, in ein Arbeitsverhältnis zu finden, sich nicht mit Vorwürfen zu plagen und mit Drohungen zu bedrücken, sondern zusammenzuarbeiten und die Bereitschaft des Gegenübers zur Kooperation anzuerkennen?«, fragt der Therapeut.

»Denken Sie, dass ein Mensch für immer ohne Liebe leben kann?«

»Wie kommen Sie auf diese Frage?«

»Wenn meine Ehe nur noch auf Zusammenarbeit beruht, dann ist das doch keine Liebe.«

Die Kampf-Flucht-Reaktion führt im Dialog der Liebenden (und Hassenden) zur Rede von »immer« und »nie«. Die Angst erteilt dem Ich den Auftrag, *sofort* nach einer *Lösung für immer* zu suchen und in seinen Anstrengungen nicht nachzulassen, ehe sie gewonnen ist. »Immer widersprichst du mir!« – »Das sagst du nie wieder!« – »Immer muss ich den ersten Schritt tun!« – »Nie passiert hier, was ich will!« – »Ich koche euch nie wieder ein Essen!«

Aus gutem Abstand wissen wir: Das ist Affektrhetorik, es ist nicht als gültige Entscheidung zu deuten. Aber die Affektrhetorik des einen Partners wird häufig die primitiven Affekte seines Gegenübers stimulieren. Auf diese

Weise wird ein Regelkreis geschaffen, in dem die Möglichkeiten schwinden, sich von der Fantasie der Aussichtslosigkeit, des Verlustes »für immer« zu befreien.

Die Reaktion des Partners, der früher einmal die primitive Angst kompensiert hat, führt nun gerade zum Gegenteil. Das geschieht umso nachdrücklicher, umso heftiger, je wichtiger er während der positiven Symbiose als Gegenmittel war. Diese Situation zeigt das wohl wichtigste Prinzip des Coachings in der Liebe:

Sich aller Reaktionen zu enthalten, welche den Partner tiefer in eine primitive Angst-Flucht-Wut-Reaktion hineintreiben.

Das ist im Grunde mehr als die Hälfte der gesamten »Technik« einer konstruktiven Gestaltung von Beziehungen.

Aber das ist auch leichter empfohlen als getan. Es ist eine Binsenweisheit, dass Ängste und Schuldgefühle ebenso wie Wut und Ärger nicht verschwinden, wenn Experten oder Autoritäten dazu raten. In offenen oder latenten Gewaltverhältnissen, wie in der Erziehung kleiner Kinder, werden die primitiven Kampf-Flucht-Reaktionen nicht durch Einsicht, sondern durch stärkere Angst (beziehungsweise die Angst vor überlegener Stärke) reguliert. Diese urtümliche Regelung bleibt die Grundlage aller späteren Verhandlungen.

Stabile und konstruktive Beziehungen entstehen gewiss nicht aus dem idealisierenden Glauben, dass ein Partner gänzlich frei ist von der archaischen Kampf-Flucht-Dynamik. Sie wachsen aus dem Wissen um deren Gefahren und aus dem gemeinsamen Bemühen, es nicht so weit kommen zu lassen. Vor allem aber wachsen sie in

Liebesbeziehungen aus Ritualen, die Sicherheit vermitteln und vertiefen.

Sich nach einem Streit möglichst vor Mitternacht mit seinem Partner zu versöhnen: Dieser Rat würde nicht so oft gegeben, wenn er leicht umzusetzen wäre. Und doch gehört er zum Besten, was sich über hilfreiche Rituale sagen lässt. »Versöhnung« klingt vielleicht auch zu pathetisch und eindringlich. In der Praxis geht es meistens darum, sich nicht mehr beleidigt zurückzuziehen und den dafür verantwortlichen Streit weder zu erneuern noch die Schuld für ihn auf sich zu nehmen: »Vertragen wir uns wieder!«

Wer das entweder selbst sagt oder – wenn ihm das Gegenüber zuvorkommt – entschieden zustimmt, öffnet sich wieder und überbrückt den kränkenden Unterschied, der zu dem Streit führte. Wenn Einigkeit darüber besteht, dass dieses kleine Ritual für sich selbst steht und nicht bedeutet, sich dem Gegenüber zu unterwerfen, hat das Paar eine Basis gewonnen. Die Partner können sich gegenseitig vor den Dämonen der Nacht schützen: den primitiven Spaltungen – »Entweder du liebst mich richtig, oder ich verlasse dich« –, der impulsiven Wut, der Angst, dem Hass.

Wer sich auf dieses Ritual einlässt, findet Abstand zu der Erwartung, dass er den Partner durch Druck verwandeln kann. Er ist zufrieden mit einer provisorischen Lösung. Für diesmal ist der Austausch wiederhergestellt, sind die ärgsten Gefahren vermieden.

3. Der Riss im Ritual

Das Beispiel von der Verwandlung zweier engagierter Anwälte, denen nie der Gesprächsstoff über ihre Fälle ausging, in einen alkoholkranken Notar und eine unzufriedene Hausfrau lässt sich vertiefen. Die Analyse zeigt, dass hier ein gemeinsames Versagen in zwei individuelle Versagensgeschichten zerfällt. Beide Partner haben schon geraume Zeit versucht, sich mit Notlösungen ihren eigenen Zustand zu erleichtern, wodurch sich gleichzeitig die Beziehung verschlechterte.

Die Partner haben bindende Rituale verloren, die früher funktionierten: das gemeinsame Gespräch über ihre Tätigkeiten und das erotische Interesse aneinander. Sie haben diese Rituale durch das große Haus und die von beiden gewünschten und geliebten Kinder ersetzt.

Die Ehefrau hat die Mangelerlebnisse unterschätzt, die durch den Verzicht auf ihre eigene Kanzlei ausgelöst wurden. Die zugrunde liegende Dynamik ist leicht zu erkennen, aber schwer zu verändern. Eine ironische Metapher dazu ist der Übergewichtige, der nach einem guten Mahl sagt, es sei doch kein Problem, zu fasten.

Es ist für den Satten leicht, an seine Widerstandskraft gegen den Hunger zu glauben – und für den Hungrigen sehr schwer, sich an solche Vorsätze überhaupt zu erinnern, geschweige denn sich an sie zu halten. Wenn sich ein Paar Kinder wünscht, ist es leichter, sich auszumalen, dass sich alles bisher Bindende erhält und etwas höchst Erfreuliches hinzukommt, als eine realistische Rechnung über Gewinne und Verluste aufzumachen.

In dem gemeinsamen Organismus des symbiotischen Paares liegt der Fehler besonders nahe, dass der Mann, da er ja die Anregungen aus seinem Beruf behält und sie sogar noch steigern wird, völlig überzeugt ist, seine Frau werde *glücklich*, weil er sie in Zukunft vor den ebenfalls vertrauten Mühseligkeiten und Enttäuschungen durch die Berufsarbeit *bewahrt*.

Die Frau hingegen ist in dem Augenblick der Entscheidung nicht nur selbst beruflich satt. Sie glaubt auch, dass die Entlastung, welche ihr Mann künftig dadurch gewinnt, dass sie den gemeinsamen Haushalt besorgt, ihm berufliche Schritte ermöglicht, *die gleichzeitig auch ihre Schritte sind*, dass ein Mehr an Anerkennung, das er sich erwirbt, auch ihr zugutekommt. Bisher haben sie sich Berufs- und Hausarbeit geteilt, sie hat sich auch seinen geringeren Ansprüchen an Ordnung und Sauberkeit angepasst, zwei Junggesellenhaushalte eben. Jetzt soll alles effektiver, besser, schöner werden, für ihn, für das Kind, das Haus.

Sie ahnt vielleicht, dass es nicht leicht sein wird, auf die Anregungen durch ihre Kolleginnen zu verzichten (sie war in einer auf Familienrecht spezialisierten »Weiberkanzlei« tätig, wie sie ironisch zu sagen pflegte). Sie denkt darüber nach, dass sie jetzt kein eigenes Geld mehr verdient, dass sie vielleicht weniger respektiert wird, weniger Einfluss hat. Aber sie ist sich derart einig mit ihrem Partner, dass sie nie über Geld streiten werden, dass sie diese inneren Stimmen als kleinlich, egoistisch, zickig entwertet und zum Schweigen bringt.

Sie war selbst Einzelkind und will unbedingt mehrere Kinder haben, am liebsten drei. Sie will eine gute Mutter sein. Das kann doch nicht schwieriger sein als ein Jurastudium und die Arbeit an ihren Akten! Schwieriger ist es gewiss nicht, aber es ist wie ein Fass ohne Boden; ihr Mann ist da gar keine Hilfe, er entlastet sie nicht, er sagt nur, sie solle sich entspannen, er will sie wegloben von den Kindern und eine feurige Geliebte aus ihr machen, aber dazu hat sie nun wirklich keine Energie. Er denkt nur an sich, macht seine Verträge, diskutiert mit seinen Mandanten, delegiert an sein Personal – und tut dann noch so, als hätte er am Abend mehr Recht darauf, erschöpft zu sein und Zuwendung zu erhalten, als sie.

Wie sieht der Notar die Situation? Er fühlt sich missverstanden, nicht anerkannt. Seine Frau tue ja gerade so, als wäre es Zuckerschlecken, einen solchen Laden zu führen. Immer gibt es irgendwo Ärger und Unzufriedenheit, Mandanten, die behaupten, anderswo würden sie zu geringeren Honoraren besser bedient, Mitarbeiter, die krank sind und sich über Mobbing beklagen, wenn man auch nur nachfragt, Tage, die sich sterbenslangweilig hinziehen und an denen er wirklich die größte Mühe hat, an seinem Vorsatz festzuhalten, während der Arbeitszeit keinen Tropfen Alkohol anzurühren.

Sie dagegen könne sich den ganzen Tag gemütlich einteilen: kein Termindruck, keine Konkurrenz, keine Zwänge, mit denen er sich tagaus, tagein abplagen muss. Er würde ja gerne mit ihr die Rollen tauschen, aber sie sei dafür leider nicht qualifiziert und habe nun einmal ihre

Wahl getroffen. Es kann doch nicht so schwer sein, auch als Hausfrau und Mutter das Selbstbewusstsein zu bewahren, das sie früher hatte!

Wie gibt es das: Eine Juristin, die vor Gericht die schärfsten Töne anschlagen konnte, ist jetzt tagelang wie am Boden zerstört, weil eine Kinderpflegerin behauptet hat, ihre Tochter stehe beim Spielen oft abseits, vielleicht müsse sie psychologisch untersucht werden? Und es würde ihr so guttun, auch einmal an etwas ganz anderes zu denken, an etwas, das Freude macht und von dem ganzen Stress ablenkt und endlich einmal etwas von dem früheren Glanz belebt, den sie in ihrer Beziehung doch hatten – und den sie doch auch jederzeit wieder haben könnten, wenn sie sich doch nur zu etwas mehr Kreativität in ihrem erotischen Leben aufraffen würde.

Anfangs erleben die meisten »modernen« Menschen die symbiotische Auffassung von Liebe als die einzig fühlbare. Wer den oder die Richtige(n) gefunden hat, »versteht« sich mit seinem Partner, fühlt sich liebend und geliebt. Streit beruht auf Missverständnissen. Wenn dem Partner wieder klar ist, worum es geht, wird er auch verstehen, was zu tun ist. Alles andere ist Notbehelf, Kompromiss, ein entwerteter Zustand. Verhandlungen führen, Interessengegensätze ausgleichen, mit dem oder der Liebsten feilschen wie mit einem Teppichhändler im Basar – das ist würdelos: »Da verzichte ich lieber ganz!«

Die symbiotische Liebesauffassung führt in die Versuchung, die elementare Tatsache zu ignorieren, dass es in jeder Beziehung *zwei* Auffassungen von Liebe gibt, die nur durch Verdrängung oder Entwertung von Differenzen zu *einer* gemacht werden können. Da die Erkenntnis dieser Differenz ein traumatisiertes Selbstgefühl heftig ängstigt, wird sie so lange wie irgend möglich nicht wahrgenommen. Lässt sich diese Wahrnehmung aber nicht mehr abweisen, ist auch die Liebesbeziehung bedroht.

Eifersucht ist das wichtigste Beispiel für das plötzliche Erscheinen einer Differenz in der Liebe. Bisher ging ein Liebender ganz selbstverständlich davon aus, dass sein Bild der Liebe auch das Bild der Partnerin war, ist und sein wird. Die keimende Angst weckt sofort die Vorstellung, »für immer« unruhig sein zu müssen, wie vordem die Illusion herrschte, man könne für immer in der Symbiose ruhen. Shakespeare hat dies im *Othello* so zum Ausdruck gebracht:

Ich sah's nicht, dacht' es nicht, war ohne Harm;
Schlief wohl die nächste Nacht, aß gut, war frei und froh;
Ich fand nicht Cassios Küss' auf ihren Lippen:
Wenn der Bestohlne nicht vermisst den Raub,
Sagt ihr's ihm nicht, so ist er nicht bestohlen.
JAGO.
Es schmerzt mich, dies zu hören.
OTHELLO.
Noch wär' ich glücklich, wenn das ganze Lager,
Troßbub' und alles, ihren süßen Leib genoß,
Und ich erfuhr es nicht. O nun, auf immer
Fahr' wohl, des Herzens Ruh'! Fahr' wohl, mein Friede![4]

---

4 William Shakespeare, *Othello*, 3. Aufzug, 3. Szene (Übers. W. H. v. Baudissin 1832).

Wer perfekt ist, braucht kein Coaching. Umgekehrt: Um auf den Gedanken zu kommen, dass ein Gegenüber unterstützt werden sollte, muss zugelassen werden, dass es unvollkommen ist, dass es Probleme gibt und dass zwei Menschen den Willen haben, sie einer Lösung näherzubringen.

Als Feldherr wäre Othello niemals erfolgreich geworden, wenn er beim ersten verlorenen Scharmützel den Rückzug der Truppe kommandiert hätte. Als Fechtmeister würde er dem Anfänger sogleich klarmachen, dass niemand von Anfang an gewinnen kann. Jede Kunst wird aus verarbeiteten Niederlagen, aus dem Verständnis für Fehler erworben. In seiner Liebeskunst orientiert sich Othello nicht an solchen Einsichten, sondern an dem urtümlichen »Alles oder nichts« der Kampf-Flucht-Reaktion, in der es nur sichere Orte oder totale Ruhelosigkeit gibt.

Das ist so ängstlich, wie der Gedanke manisch ist, dass eine Liebesbeziehung harmonisch gelingt – oder diesen Namen nicht verdient. Wir finden diese manische Seite »normal«, was auch zeigt, wie eng sie mit Normen, mit Traditionen verbunden ist, die entworfen wurden, um den menschlichen Mangel an Sicherheit zu kompensieren.

Othello zieht nicht vor Gericht, er sucht nicht den Rat seiner Familie, seiner Freunde. Er ist zwischen die Kulturen gefallen und muss sich allein an seinem Ich orientieren, das ihn zur Höhe des erfolgreichen Feldherrn emporgehoben hat, ihn aber auch des Rückhalts von Sippe und Überlieferung beraubt.

Das ist heute der Normalzustand. Daher ist es auch fast immer destruktiv, wenn moderne Paare angesichts eines Konflikts eine Umfrage starten, um herauszufinden, ob ihre Empfindung »normal« ist.

Fritz kommt aus einer Unterschichtfamilie und kennt seinen Vater nicht. Er ist einmal Punk gewesen und jetzt als Webdesigner sehr erfolgreich. Er bewundert seine schöne Ehefrau Maria sehr. Sie kommt aus einer bürgerlichen Familie von Kaufleuten, findet Fritz sehr aufregend und interessant. Den ersten heftigen Konflikt gibt es, als sich Fritz von Maria Analverkehr wünscht. Das müsse man doch ausprobieren, das sei aufregend, sie solle mit ihm Pornos anschauen, um auf den Geschmack zu kommen. Maria gefällt der Gedanke nicht, aber sie probiert es Fritz zuliebe aus. Die Pornos gefallen ihr nicht, der Verkehr selbst tut ihr weh. Fritz sagt, das liege daran, dass sie so verkrampft sei. Maria redet jetzt mit ihrer Mutter und ihren Freundinnen über die intimen Wünsche von Fritz. Dann erklärt sie Fritz in einem von ihr als harmlos erlebten Versuch, ihn umzustimmen, was ihre Mutter und ihre Freundinnen zum Analverkehr gesagt haben. Fritz findet das einen Vertrauensbruch, sie wolle ihn als pervers in Verruf bringen. »Ich wollte nur wissen, wer von uns recht hat!«, sagt Maria hilflos. »Ich finde es kein Problem, wenn du nicht geil bist, dich so ficken zu lassen«, schreit Fritz. »Aber du hast unsere Liebe verraten!«

Solche Szenen zeigen, wie ein Riss in der symbiotischen Übereinstimmung repariert oder zum Bruch erweitert werden kann. Paradoxerweise haben Fritz und Maria durch den Versuch, die Differenz abzuschaffen, einen heftigen Konflikt inszeniert. Fritz hat seine Fantasie durch die Pornoseiten im Internet ebenso »normal« machen wollen wie Maria ihr Widerstreben durch die Kontaktaufnahme mit ihren Freundinnen. Sie versuchen, ihr Gegenüber zu missionieren, es zu bekehren, es auf den richtigen Weg zu bringen, um die Einsicht zu vermeiden, dass ihre erotischen Wünsche sich *unterscheiden*. Die Problematik liegt nicht im Analverkehr, sondern darin, dass diese Differenz nicht hingenommen, sondern unter Leistungsaspekten bekämpft wird. Sie wird als gefährlich erlebt.

Der symbiotische Modus kann nicht spielerisch gegen einen nichtsymbiotischen ausgewechselt werden. Er steht sozusagen unter Druck, so wie das Innere eines U-Boots oder eines Raumschiffs, wo nur dann ein für das Überleben der Besatzung zuträgliches Klima aufrechterhalten werden kann, wenn man sich gegen die Umgebung abdichtet. Der seelische Druck, der in einer Symbiose entsteht, signalisiert auch, wie ausgeprägt ihre kompensatorischen Funktionen sind.

Fritz und Maria können nicht zwischen einem symbiotischen und einem nichtsymbiotischen Modus wählen. Der Mangel an Übereinstimmung ist eine drohende Katastrophe. Er löst Angst und Wut aus, keine Neugier. Ein Sprung in einem Fenster weckt andere Gefühle, je nachdem, ob ich in einem Haus auf grüner Wiese sitze oder in einem Tauchboot in der Tiefsee unterwegs bin.

Die Symbiose Othellos mit Desdemona gewinnt ihre spezifische Qualität durch die Hoffnung auf Heimat für einen Außenseiter. Je ausgeprägter diese Hoffnung, desto mächtiger sind auch die Affekte von Angst und Wut, die sie bewachen. *Wenn eine Liebesbeziehung frühere Verletzungen des Selbstgefühls ausgleichen soll, gleicht sie einer Expedition in feindliche Welten.*

Es wäre einseitig, nur die Gefahren dieser Ansprüche an die Symbiose zu sehen. Indem sich erotische Wünsche mit seelischer Nähe amalgamieren und sich zwei Erlebniswelten durchdringen, ergänzen und alle anderen ausschließen, entsteht ein exklusiver Raum, in dem die Symbiose tatsächlich traumatische Erfahrungen überwinden kann. Die therapeutische Theorie der Psychoanalyse ist auf solche Prozesse vorbereitet. Eine von den Beteiligten als »sicher« erlebte Symbiose gleicht der Übertragungsheilung im analytischen Prozess. Durch die Fantasie einer grenzenlosen Verbindung mit dem Analytiker verändern sich manche Patienten bereits nach wenigen Sitzungen.

Dieser Erfolg ist jedoch in den Fällen nicht stabil, in denen nicht die *Botschaft* des Therapeuten im Inneren des Patienten weiterwirkt, sondern allein die *Verbindung* mit dem Helfer selbst als Schutz und Halt erlebt wird. Wenn der Therapeut angesichts der so rasch erzielten Besserung die Arbeit beendet, kehren die Symptome wieder und werden im typischen Fall als »schlimmer denn je zuvor« erlebt.

Der dramatische Unterschied zwischen gelebter Erotik und (erotischen) Fantasien, zwischen persönlicher Beziehung und beruflichem Kontakt kommt hier zum Tragen. Die Zuwendung des Analytikers ist begrenzt, professionell. Sie ist Wegweiser, nicht Weg, eine Brücke zum Leben, nicht das Leben selbst. Liebesbeziehungen hingegen träumen nicht nur von Ewigkeit, sie können diese auch so gut realisieren, wie das hienieden möglich ist.

Wo die Symbiose einen der Liebenden verändert, ihn stärkt, von Ängsten befreit, Kreativität weckt, kann dieser dauerhaft im Genuss dieses schönen Gewinns bleiben. Ist das der Fall, wird kein Paaranalytiker jemals Einblick gewinnen. Die gelungene Symbiose ist unauffällig; erst die überlastete wird der Analyse zugänglich.

Viele Kulturen bieten eine »unzertrennliche« Ehe an, als hätten deren Konstrukteure geahnt, wie wichtig und riskant zugleich symbiotische Gewinne an seelischer Stabilität sind und wie hilfreich es sein kann, solche Einheiten zu schaffen und ihre Auflösung zu erschweren. In einer Anekdote über den persisch-arabischen Gelehrten Avicenna wird erzählt, wie er einen Prinzen am Hof des Sultans heilte, der aus unklarer Ursache nicht mehr aß und schon sehr schwach war. Der Arzt diagnostizierte eine Liebeskrankheit, über die der Prinz nicht sprechen konnte. Also ließ Avicenna alle Frauen am Hof an dem Kranken vorbeiziehen und fühlte die ganze Zeit seinen Puls. So erkannte er die heimlich Erwählte und heilte den Kranken, indem er die beiden heiraten ließ.

Die Anekdote belegt, ähnlich wie der noch ältere Mythos von den getrennten Kugelwesen in Platons *Gastmahl*, dass die Schwäche des Selbstgefühls durch Sehnsucht nach einem verlorenen symbiotischen Objekt ebenso wie seine Heilung durch die Verbindung mit diesem zu den ältesten Themen menschlicher Selbstreflexion gehört. Der Gedanke, dass diese Bindung nicht übertragbar ist, dass es tödlich ist, sie zu verlieren oder sie nicht zu finden, begleitet die Menschheit schon sehr lange.

Was so tiefe Wurzeln hat, lässt sich nicht ausrotten. In der Tat ist bis in die Gegenwart die Fantasie höchst einflussreich, dass die gute Beziehung dann gelingt, wenn sich die *richtigen* Menschen treffen. Umgekehrt wird aus dem Scheitern einer Beziehung geschlossen, dass ein

Gegenüber nicht die oder der »Richtige« war. Eng verbunden mit diesem Gedanken ist die Vorstellung, dass eine Beziehung »stimmen« und nach einer Kränkung auch »einfach nicht mehr stimmen« kann. Das Modell ist hier nicht die gespannte Saite, die mithilfe von Gehör und Geschick aus einem verstimmten in einen gestimmten Zustand gebracht werden kann. Es ist eher die Glocke, die ihren Klang durch einen unsichtbaren Sprung verliert. Sie lässt sich nicht heilen, sondern nur einschmelzen und neu gießen.

Dieses Modell ist ebenso verführerisch wie destruktiv. Es verspricht, dass Liebe erlöst – eine Sehnsucht, die umso tiefer wurzelt, je weniger in der Ursprungsfamilie erlebt werden durfte, dass sich Beziehungen auch dann entwickeln können, wenn sie unvollkommen und manchmal konfliktträchtig sind. An die Erlösung durch die Liebe – die richtige Liebe zum richtigen Partner, versteht sich – glauben vor allem Kinder unglücklicher Eltern. Oft haben diese mit dem Kind ihren Kummer geteilt. Sie haben ihm vermittelt, dass es nicht aus einer Liebe heraus entstanden ist, sondern aus einem Irrtum.

4. Typische Krisen

Beziehungen entwickeln sich in charakteristischen Stadien mit ihrer jeweils eigenen Krisendynamik. Ich übernehme hier eine bewährte Zusammenstellung,[5] schildere die womöglich auftauchenden Konflikte und erarbeite Modelle, wie sich die Partner in deren Bewältigung unterstützen können.

Der gemeinsame Haushalt: Das Coaching persönlicher Räume
Das Baby: Das Coaching in der Äußerung von Wünschen
Die Asymmetrie der Arbeit: Das Coaching von Karrieren und der Umgang mit Neid
Die erotische Asymmetrie: Das Coaching der liebevollen Differenz
Erotische Rivalen: Das Coaching des eifersüchtigen Partners
Die Adoleszenz der Kinder: Das Coaching des enttäuschten Partners
Die Vergänglichkeit von Kraft und Schönheit: Coaching und Alter

---

5 Zuerst benutzt in Wolfgang Schmidbauer, *Die heimliche Liebe*, Reinbek 1999; weiterentwickelt in *Das Rätsel der Erotik*, Freiburg 2014.

Der gemeinsame Haushalt:
Das Coaching persönlicher Räume

Die Belastung durch einen *Wechsel der vertrauten Umgebung* gehört zu den am meisten unterschätzten Auslösern seelischer Krisen. In der klinischen Statistik über Faktoren, die Depressionen auslösen, kommt ein Umzug gleich nach dem Verlust eines geliebten Menschen. Man möchte allerdings glauben, dass diese Gefahr nicht existiere, wenn der Umzug ein höchst ersehntes Ereignis ist, das ein Liebespaar in gemeinsamen Räumen vereint.

Monate-, ja jahrelang haben sie sich besucht, haben weite Reisen auf sich genommen, um sich an Wochenenden oder zu einem gemeinsamen Urlaub zu treffen. Sie haben sich gesehnt, sich getroffen, sich heimlich oder auch gemeinsam gefragt, warum sie sich das angetan, sich in einen Partner verliebt haben, der so weit weg ist. Daraus wächst der Impuls, zusammenzuziehen – möglicherweise gepaart mit einer Art Schicksalsgericht: Wenn du schwanger wirst, dann kannst du ja deinen Job aufgeben, und wir ziehen zusammen; ich sorge dann für uns beide und das Kind.

Fast unvermeidlich werden die Erwartungen an das Projekt »gemeinsamer Haushalt« mit einer Intensivierung der Beziehung, mehr gemeinsam verbrachter Zeit und sättigender Erotik verknüpft. In der Projektphase behält jede Seite ihre bisherigen Rückzugsmöglichkeiten und wird diese deshalb auch nicht entbehren. Das kann sich mit einer die Beteiligten überraschenden Wucht verändern, wenn die gemeinsame Wohnung tatsächlich bezogen worden ist.

Die Erfahrung mit gemeinsamen Urlauben wird manchmal als sprechender Test gewertet: Wenn wir es 14 Tage in einem Doppelbett aushalten, ist doch eine Dreizimmerwohnung Auslauf genug! Aber in Urlauben gibt es viele neue Erfahrungen und keine Berufstätigkeit, nach der man bisher erst einmal in der Stille der eigenen vier Wände abschalten konnte.

Je mehr der eine Partner solche Rückzugsbedürfnisse befremdlich und im Grunde überflüssig findet, desto zwingender machen sie sich im Gegenüber bemerkbar. Wenn jetzt keine Rituale gefunden werden, wird bald eine Seite nur noch ihre Ruhe haben wollen und die Gegenseite nur noch klagen, dass man ja jetzt, nachdem die Fernbeziehung überwunden sei, *weniger* miteinander mache als früher: Wie soll sich jemand, bitte sehr, von einem Partner geliebt fühlen, der *nie Zeit hat*?

Empfehlungen müssen nicht verkehrt sein, nur weil sie trivial sind. Eine solche Empfehlung ist es, in Konfliktgesprächen konsequent die Wörter »immer« und »nie« zu vermeiden. Sie weisen auf unbewusste Ängste hin. Wer sich fürchtet, denkt nur an eines: Wie kann er/sie der Angst entkommen, einen sicheren Ort finden, möglichst für immer? In solchen Stimmungen sind auch kleine Versöhnungen und Entspannungen von einer Entwertung bedroht: »Wenn wir jetzt das Thema wechseln und uns entspannen, haben wir ja das Problem nicht gelöst, das du mir *immer* wieder machst und dem ich *nie* wieder begegnen möchte!«

Die Rede von »immer« und »nie« gewinnt häufig eine grundsätzlich vorwurfsvolle Qualität und erreicht so das

Gegenteil der ersehnten Beruhigung. Das Verhalten des Gegenübers sei gestört, lieblos, nicht normal, unmoralisch – und das verbunden mit dem dringenden Appell, sich sofort und »für immer« zu ändern.

Die Redeform – kürzen wir sie als *Immernie* ab – entfaltet ihre Macht vor allem dann, wenn Paare zusammenziehen. Sie steht für das Empfinden, mit dem Rücken an der Wand zu stehen, keinen Ausweg mehr zu finden, bedrängt zu sein. *Immernie* geht von den Affekten der Kampf-Flucht-Reaktion direkt in die Sprache, ohne dass eine kritische Prüfung stattfindet. *Immernie* ist das semantische Äquivalent des Sprichworts von der in die Ecke gedrängten Ratte, welche plötzlich nicht mehr flieht, sondern angreift.

Ähnlich beraubt die gemeinsame Wohnung das Gegenüber der Rückzugsmöglichkeiten, die ihm vorher selbstverständlich waren. Weil es sich im Übersichtlichen einfacher lebt, gehen Partner unbewusst davon aus, dass die eigenen Wertvorstellungen universell sind. Wenn nun ein Partner diese Vorstellungen nicht erfüllt, löst er ein Versprechen nicht ein, das er in seinem Erleben gar nicht gegeben hat, während es im Erleben des Partners beschlossene Sache war.

Immernie bezieht sich auf diesen imaginären Vertrag – es ist sozusagen eine verstärkte, nachdrückliche Abmahnung, sich doch endlich *an das zu halten, was sich von selbst versteht.* »Es ist doch völlig klar, dass man einen Menschen, den man liebt, nicht warten lässt!« Aber *Immernie* bezieht sich nicht rational auf diesen Vertrag, auch wenn es klingt, als läge eine Statistik zugrunde. Eben diese Unterstellung macht die Aussage ja auch so angreifbar und unproduktiv. Sie verschlüsselt das viel wichtigere Problem: die Angst, eingesperrt zu sein – *für immer,* da die Beziehung ja bestehen bleiben soll, während sie auf der anderen Seite eine Qualität gewonnen hat, die mit dem eigenen Lebenskonzept nicht dauerhaft vereinbar ist.

Immernie steht für die symbiotische Qualität: Wir können doch nicht in dieser Nähe miteinander auskommen, wenn du dich nicht so änderst, dass ich nicht mehr ständig enttäuscht bin. Die Lösung wird in der *Veränderung*, in einer Art Kolonisierung des Partners gesucht, nicht in einem *Ritual,* das die Störung mildert und die Einsicht in eine Differenz weniger ängstigend macht.

In einem Paar, das die Notwendigkeit gegenseitiger Unterstützung erkennt, liegt auch die Einsicht nahe, dass es nicht ausreicht, *Immernie* zu verbieten oder sich darauf zu einigen, es nicht zu verwenden. Der Fieberkranke wird nicht gesünder, wenn man das Thermometer zerbricht. Wo das *Immernie* auftritt, geht es um die Frage: Was brauchen wir voneinander, um nicht wieder derart unter Druck zu geraten, dass wir solche Formulierungen verwenden?

Immernie gehört in die Scheinwelt von Versprechen, Vorsatz und Vorwurf. Sie alle belegen die Täuschung, die dann zu der symbiotischen Ur-Anklage führt: *Du bist anders, als ich es mir erwartet habe!* »Na und!«, sagt sich das Paar, das zum Coaching bereit ist, und beginnt zu verhandeln, wie die Unzuträglichkeiten der Differenz verkleinert werden können. »Vielleicht sind wir doch nicht die Richtigen füreinander«, heißt es bei dem Paar, das von seiner Illusion nicht lassen kann.

Es gilt als Ausdruck von Liebe und Verbindlichkeit, wenn ein Paar zusammenzieht. Ein Gespräch über diese Frage kann dieselbe Bedeutung gewinnen wie früher Verlobung oder Ehe. Ein Paar, das bereit ist, Rituale zu erarbeiten, wird Unstimmigkeiten in dieser Frage nicht als Signale dafür abtun, dass ein Partner mutiger ist und »mehr liebt« – und der zweite nur die Wahl zwischen der Rolle des Feiglings und der des Eisklotzes hat.

Im Gegenteil: Unter Coaching-Gesichtspunkten ist der widerstrebende Partner besonders interessant. Er kann Aufschluss geben über Probleme, die – früh erkannt und gemeinsam verarbeitet – in dieser Phase der Beziehung noch gut bewältigt werden können, später aber wie Blei an den Partnern hängen bleiben, wenn beispielsweise der Kauf einer Eigentumswohnung den rettenden Rückzug erschwert.

Das Zögern beim Zusammenziehen bedeutet, dass ein Partner das mehr oder weniger deutliche Gefühl hat, *er könne sich besser allein erholen.* Es fällt ihm leichter, sich innerlich frei und autonom zu fühlen, wenn niemand da ist, auf den er sich beziehen kann, denn er erlebt sich hier nicht als frei, sondern in einer Pflicht. Er oder sie nimmt eigene Wünsche nicht mehr so deutlich wahr, wenn eine andere Person präsent ist, auch wenn diese Person glaubwürdig und von Herzen daran interessiert ist, dass es *beiden* gut geht.

Wenn solche Unterschiede offen ausgesprochen, wenn sie anerkannt werden und sich Rituale finden lassen, um ein Gleichgewicht zu finden, haben die Partner viel bessere Chancen, ihre Bequemlichkeit und ihre Nähe zu genießen. Am schwierigsten sind Kombinationen aus einem kränkbaren Nähebedürfnis mit einem als schuldhaft erlebten Wunsch nach Distanz.

Aldo und Maria sind frisch verliebt und schlafen bald in seiner, bald in ihrer Wohnung. Maria findet, dass Aldo zu selten bei ihr übernachtet. Es stört sie auch, dass er manchmal mitten in der Nacht in seine Wohnung fährt, weil er nicht einschlafen kann, während sie am liebsten die Nächte eng umschlungen mit ihm unter derselben Decke verbringt. Vielleicht ist Aldo die Decke zu klein? Sie kauft eine neue Decke in Überbreite. Sie ist verstimmt, als Aldo aufatmend sagt: »Jetzt hast du endlich auch zwei Decken, ich verstehe nicht, wie du es aushältst, die ganze Nacht zu zweit unter einer Decke!« – »Ich wollte die alte wegtun und habe die neue extra groß gekauft, damit wir beide es warm und bequem haben!« – »Bequem?!« – »Ich frage mich, ob du mich wirklich liebst, wenn du dich so abschotten musst!«[6]

Maria hat in ihrer ersten Geste Aldos Verhalten nach ihren Kriterien aufgefasst: Die Decke ist für beide zu klein, daher muss sie für einen besseren Schutz des Paars nach außen sorgen. Als Aldo ihre »Lösung« nicht übernimmt und das von ihr entworfene Ritual infrage stellt, fühlt sie sich missverstanden und entwertet. Im Gegenzug kritisiert sie nun Aldos Bedürfnis nach Distanz als lieblos. Sie erlebt die Differenz als Gefahr, geht es doch in ihren Augen um die richtige (ihre) und die ungenügende (seine) Liebe.

---

6 Dieses Beispiel ist modifiziert der Kolumne des Autors im ZEIT-Magazin entnommen.

An diesem Beispiel lässt sich beobachten, wie rasch die Fantasie einer Unterstützung des Partners im Finden des richtigen Weges nicht zu einem stabilisierenden Ritual, sondern in eine Krise führen kann. Maria hat Aldos Widerstreben richtig beobachtet, aber den falschen Schluss daraus gezogen. Sie wollte dem Gedanken aus dem Weg gehen, sein Verhalten könne an ihr liegen – es musste an der Decke liegen.

Nun ist Aldo dran: Er muss Maria die Augen dafür öffnen, dass es keine Schuldige und keinen Versager gibt, sondern unterschiedliche (Schlaf-)Gewohnheiten und Nähebedürfnisse. Maria will gewiss nicht, dass Aldo ihre Umarmung mit zusammengebissenen Zähnen erträgt; sie möchte, dass er wie sie genießt, was Liebende genießen. Umgekehrt erlebt Aldo, dass er noch nie so viel Nähe zugelassen hat wie mit Maria. Aber er braucht doch auch seinen Schlaf.

Beide stehen vor der Aufgabe, eine Differenz zärtlich zu überbrücken, was in diesem Fall eine zentrale Qualität stabiler Beziehungen sozusagen im Gepäck mit sich trägt: die Möglichkeit einer freundlichen Trennung. Die symbiotische Qualität führt dazu, dass sofort Ängste entstehen, wenn Nähe und Distanz nicht synchronisiert werden können, sondern ein Partner noch Nähe will, während sein Gegenüber für sich sein möchte.

Ob Aldos Wunsch als kränkende Absage erlebt wird oder nicht, hängt davon ab, ob Maria sich in diesen Wunsch einfühlen, ihn verstehen kann. Das Ziel des Coachings in der Liebesbeziehung ist die wechselseitige Empathie für die unterschiedlichen Veränderungswünsche der Partner angesichts der Differenzen in ihren

Bedürfnissen. Plakativ gesagt: Mein Partner hat keinen Anspruch, dass ich mich ihm zuliebe verändere; aber er hat das Recht, in diesem Wunsch verstanden zu werden.

Empathie über Differenzen hinweg unterscheidet sich in einer modernen Partnerschaft von der primitiven Identifizierung von »Verstehen« und »Erwartungen erfüllen«. Ein Kind fühlt sich von der Mutter *verstanden*, wenn sie seinen Wunsch erfüllt, ihm ein Eis zu kaufen. Erwachsene pflegen häufig eine ähnliche Auffassung von »mich verstanden fühlen«. Das Coaching kann sie unterstützen, sich auch verstanden zu fühlen, wenn ihr Wunsch *nicht* erfüllt wird.

Nicht die absolute Zeit, die mit Beziehungsdebatten verbracht wird, sondern die Empathie für die Unterschiede festigt den Kontakt. Lange Zwiegespräche, in denen zwei reden möchten und niemand zuhört, sind eher ein Zeichen des missionarischen Versuchs, die eigene Position durchzusetzen. Die zentrale Aufgabe der Paare in der Krise des Zusammenziehens ist es, eigene Räume zu erkennen und den Partner darin zu unterstützen, sie zu respektieren, vorübergehenden Rückzug nicht als Verlassenwerden zu deuten und so der Vorwurfswelt des *Immernie* zu entgehen.

Das Baby: Das Coaching in der Äußerung von Wünschen

Halten Kinder eine Ehe zusammen? Das Sprichwort stimmt heute nur noch unter Vorbehalt. Wenn eine Beziehung unfreiwillig kinderlos ist, wenn eine Hälfte sehr gerne ein Kind hätte und diesen Wunsch angesichts des Widerstandes der anderen Hälfte nicht behaupten kann, ist die Partnerschaft in großer Gefahr. Wenn beide keine Kinder wollen, sind die Ehen stabiler. Denn viele Paare, die mit großen Hoffnungen eine Familie gründen, scheitern an der Aufgabe, etwas Drittes in ihre Symbiose aufzunehmen. Das Baby ist ein Entwicklungsanstoß, aber auch ein Risiko.[7]

Wenn ich es in der Metapher des Coachings ausdrücke: Das Baby ist ein sehr mächtiger Trainer. Es setzt die Eltern intensiven Reizen aus; es fordert viel Empathie und kann zunächst keine zurückgeben. Während die verliebten Eltern Wünsche stumm erkennen (»von den Augen ablesen«), schreit das Baby unbarmherzig, bis seine Wünsche erfüllt sind. Es weckt Versagensängste und Glücksgefühle (auch nach dem Prinzip, dass etwas besonders kostbar ist, was selten gelingt) von einer Intensität, welche die Eltern oft nicht vorhersehen konnten.

Schon eine Beziehung, in der die Partner bereits gelernt haben, Differenzen einfühlend anzugehen und sich

---

7 Vgl. Wolfgang Schmidbauer, *Partnerschaft und Babykrise*, Gütersloh 2012. Paare, die sich über die Frage gemeinsamer Kinder streiten und zu keiner Entscheidung kommen (»Erst wenn unsere Beziehung besser ist!«) sind allerdings noch erheblich instabiler als Paare, die sich der Babykrise aussetzen.

gegenseitig in ihren Rollenfindungen zu unterstützen, verträgt das mühsam genug. Eine Beziehung dagegen, die solche Umgangsformen noch nicht entwickelt hat, gerät in eine Krise. Sie kann gelingen oder recht schnell scheitern – Schwangerschaft und Geburt sind die häufigsten Auslöser früher Trennungen und Scheidungen in den deutschen Ehen.

In vielen Fällen bewältigt ein Paar die Aufgabe um den Preis der liebevollen Nähe zwischen Vater und Mutter. Die Partner bleiben in ihrer Elternfunktion verbunden, sind aber als Liebespaar beschädigt. Die Folge sind häufig mehr oder weniger offene Außenbeziehungen und Spätscheidungen. Wenn das jüngste Kind aus dem Haus ist, finden die Eltern nicht mehr den Halt aneinander, um sich durch eine Intensivierung ihrer Beziehung für die folgende Lebensphase zu rüsten.

Das Opfer der Liebesbeziehung für den Nachwuchs bleibt nicht ohne Folgen. Es kann bei Kindern aus so versachlichten Ehen einen heftigen Wunsch nach Liebesintensität, nach Symbiose wecken. Diese Sehnsucht wird, wenn sie blind bleibt, das Schicksal der elterlichen Ehe in den eigenen Liebesbeziehungen gerade dann wiederholen, wenn die Partner es unbedingt ganz anders und viel besser machen wollen.

Um in die Elternrolle zu finden, ohne die erotische Bindung zu verlieren, müssen die Partner sich darin unterstützen, neue Rituale aufzubauen, welche den unvermeidlichen Verlust an ungestörter Spontaneität wettmachen. Diese Aufgabe lässt sich als *Lernen vom Baby* umschreiben. Die Eltern vermeiden den naheliegenden Fehler, eigene Bedürfnisse grundsätzlich hinter die des

Kindes zurückzustellen. Temporär ist das oft unvermeidlich: Ein Baby kann sich nicht gedulden. Aber auch die Erwachsenen sollten ihre Fähigkeit, Wünsche zurückzustellen, nicht überschätzen und vor allem einen Fehler vermeiden, der in einer individualisierten Liebesbeziehung die Ursache schwer auflösbarer Differenzen werden kann: die Rivalität im Ertragen von Frustrationen.

Da das Baby so wenig Versagung ertragen kann, geraten die Eltern in Gefahr, dass sie die Mutter- und die Vaterrolle um die Aufgabe herum organisieren, nicht an sich, sondern an das Baby (und später dann eben an die Kinder) zu denken. Wer das *mehr* tut, ist »besser« und kann von seinem Gegenüber Respekt einfordern. Ein typisches Zeichen dieser unbewussten, ritualisierten Konkurrenz ist der *Erschöpfungswettbewerb* von Eltern, um das Gegenüber in die Versorger-Rolle hineinzumanipulieren.

Kurt und Eva haben nach der Geburt des ersten Kindes mit der Hilfe von Evas Mutter noch eine Weile zu zweit gearbeitet. Sie fanden diese Zeit stressig, empfinden aber die Lösung, die sie während Evas zweiter Schwangerschaft geplant und umgesetzt haben, als noch viel belastender und wünschen sich oft in die Zeit zurück, als sie nur ein Kind versorgt und noch beide gearbeitet haben.

Seit sie ein Haus mit Garten in einer Vorstadt gemietet haben und Kurt nach einer Beförderung zwar mehr verdient als zuvor, aber auch mehr arbeiten muss, ist Eva extrem unzufrieden mit ihrer Ehe und denkt oft an eine Trennung. Kurt hat anscheinend jedes sexuelle Interesse verloren und lässt sie auch an den Wochenenden mit den Kindern allein. Er behauptet, er sei erschöpft von seiner anstrengenden Tätigkeit und müsse zum Ausgleich Sport machen. Kurt findet seine Ehe eigentlich ganz gut. Wenn sexuell nichts stattfinde, liege das an Eva, die immer mit dem jüngsten Kind zu Bett gehe und dabei einschlafe, während er noch ein wenig fernsehe und dann viel zu müde sei, um noch irgendeine Initiative zu ergreifen.

In der Untersuchung solcher Fälle zeigt sich sehr oft, dass die Müdigkeit der Partner dazu dient, Ärger und Streit zu vermeiden, die als einzige Alternative erlebt werden, aber im Interesse der Kinder zurückgestellt werden müssen. Wenn der Paaranalytiker die Partner einzeln interviewt, findet er heraus, dass Kurt an sich gerne arbeitet und sich nach Feierabend noch recht frisch fühlt – die Müdigkeit überfällt ihn schlagartig, sobald er in die Nähe des Hauses kommt, in dem Eva und die Kinder auf ihn warten.

Eva berichtet, dass sie durch die ständige Verpflichtung, sich um die Kinder zu kümmern, erschöpft und ausgelaugt sei. Sie habe daher beschlossen, von jetzt an nicht mehr wie früher den erotisch unsicheren Kurt aus der Reserve zu locken. Sie findet, dass das jetzt seine Aufgabe sei, und ärgert sich sehr, dass er diese Aufgabe nicht übernommen hat.

Das Baby hat die Familie neu strukturiert. Die Eltern kümmern sich um seine Bedürfnisse. Umgekehrt werden die Partner, die einander früher so viel bedeutet haben, jetzt füreinander zu einer Quelle von Enttäuschungen und Verlusterinnerungen. Sie haben ihre Aufmerksamkeit füreinander zugunsten der Aufmerksamkeit für die Kinder zurückgestellt. Es ist ihnen nicht gelungen, die

Übermacht des schreienden Babys gegenüber dem stummen Augenablesen dadurch auszugleichen, dass sie selbst intensiver und auch fordernder kommunizieren und darauf bestehen, dass manchmal auch ihre erotische Beziehung Vorrang hat.

Wenn das nicht gelingt, wie bei Kurt und Eva, kann es geschehen, dass die Partner beginnen, miteinander zu konkurrieren, wer nun den unbefriedigenden Zustand länger erträgt. Dann wird entwertet, wer Alarm schlägt, weil das erotische Ritual verloren geht. Wer dem Kind so viel opfert, dass es keinen Raum für Zärtlichkeit und Sex mehr gibt, ist die bessere Mutter, der bessere Vater.

Eva bricht in Tränen aus; sie kann nicht mehr ertragen, was sie als Interesselosigkeit und Kälte von Kurt erlebt. Kurt sieht nur, dass sie immer unzufrieden ist und gar keine Anstalten macht, ihm auch mal ein liebes Wort zu sagen oder ihn zu verführen, wie sie das früher getan hat. Jetzt sagt Kurt: Unsere Kinder brauchen eine Mutter, kein drittes Kind!

Eine zentrale Aufgabe jedes Coachings ist es, das Selbstgefühl zu festigen und das Vertrauen in die eigenen Fähigkeiten, Ziele zu erreichen, zu stärken. Als Anti-Coaching (oder »schwarze Pädagogik«) lassen sich dagegen entwertende Vergleiche oder Forderungen und Erwartungen beschreiben, die ein Problem dadurch aus der Welt schaffen möchten, dass sie einen Idealzustand konstruieren und dem Gegenüber vermitteln, es müsse sich nur ein wenig mehr anstrengen, um ihn zu verkörpern.

Diese destruktive Form der Erziehung arbeitet mit Vergleichen, die dem Gegenüber vermitteln, dass es nichts tauge. *Andere Frauen haben auch noch Zeit für ihren Partner, wenn sie Kinder kriegen ... Andere Männer schlaffen nicht total ab, kaum dass sie durch die Tür hereingekommen sind.*

Solche negativen Urteile mindern die Angst vor eigenem Versagen, vor einer eigenen Beteiligung an einem unerfreulichen Geschehen. Wenn ein Lehrer sagt: »Alle in der Klasse können ihr Heft ordentlich führen, nur du nicht« oder Eltern ein anderes Kind dem eigenen als leuchtendes Vorbild vor Augen stellen, wälzen sie Verantwortung ab. Sie haben es richtig gemacht, sie haben nichts mit diesem Falschen zu tun, das ihnen da vor Augen tritt, dieses Falsche darf zurückgewiesen werden. Dann wird es in sich gehen und vielleicht von selbst zum Richtigen werden.

Es ist ganz und gar nicht leicht, solche Reaktionen abzustellen. Über eine offene Kommunikation, über den akzeptierenden Umgang mit Wünschen und Bedürfnissen des Partners, über das Verständnis für seine Verletzlichkeit ist unter entspannten Bedingungen leicht zu reden. In einer von Angst und Wut bedrängten Situation gelingt das nicht mehr. Es ist nicht nur realistisch, sondern auch entlastend, sich damit abzufinden, dass auf Dauer die wenigsten Menschen eine Liebesbeziehung *alleine* in einem konstruktiven Bereich erhalten können.

Der Verführung, Druck auszuüben, Vorwürfe zu machen, zu *meinen Werten* hin zu missionieren, entgeht nur, wer sich sicher fühlt. Gute Beziehungen sind nicht ohne symbiotische Qualität; es ist nur so, dass sich ein symbiotischer Kern so festigt, dass um ihn herum Differenzen ertragen werden. Wie das kindliche Spiel zeigt, wechselt sich das Bedürfnis nach freiem Herumschweifen mit dem Wunsch nach Geborgenheit ab.

Die primitiven Affekte der Angst vor dem Verlassenwerden und der Wut gegen das einschränkende, frustrierende Objekt bleiben die Materialien, aus denen Liebesbeziehungen gebaut werden. Wer sich das eingestehen kann, gewinnt bessere Chancen, sein Gegenüber für Rituale zu motivieren, wie diese Affekte gebändigt werden können.

Moderne Partner sind ohne fertige Rollen. Sie müssen diese in gemeinsam entwickelten Ritualen erst aufbauen. Diese Rituale sind nicht bewusst; sie werden erst erkannt, wenn sie nicht mehr funktionieren. Das Verständnis der Interaktion ist oft durch das Streben erschwert, nachträglich die Verantwortung für das Zerbrechen eines Rituals zu ermitteln und sich von ihr zu entlasten. »Was du sexuelles Desinteresse nennst, ist erstens ganz normal nach fünf Jahren, zweitens bist du ja auch nicht mehr auf mich zugegangen, und drittens nimmt es mir jede Lust, wenn du so fordernd auftrittst!« Wo solche Äußerungen fallen, ist es gewiss nicht einfach, herauszufinden, wie das erotische Ritual funktionierte, das diese Partner anfangs verbunden hat und sie so zuversichtlich stimmte, dass sie eine Familie gründeten.

Manche Schuldzuschreibungen spiegeln kollektive Vorwürfe. Wie in den Partnerschaften selbst wird auch in der Öffentlichkeit häufig so diskutiert, als wäre das korrekte Funktionieren einer Liebesbeziehung eine Frage des Willens und der Anstrengung. Oft haben in den populären Blättern, die sich solchen Fragen widmen, Männer generell die schlechteren Karten: Ihnen wird vorgeworfen, sie müssten sich endlich ebenso von ihren Rollenerwartungen befreien, wie das die emanzipierten Frauen vorleben, sie würden die Wünsche emanzipierter Frauen nicht ertragen, sondern sich gefügige Weibchen suchen usw.

Die Retourkutsche vom gefügigen Männchen liegt nahe, wäre aber falsch. Es ist eher so, dass viele Männer solche Debatten nur noch meiden. Sie tragen das Vorurteil in sich, sie hätten keine Chance, ihre Ängste zu verdeutlichen, die Welt der Beziehungen und Beziehungsdefinitionen sei weiblich beherrscht. Jungen sammeln in ihrer Kindheit Erfahrungen von weiblicher Übermacht, die sie später durch phallische Gesten, zur Schau getragene Coolness und Bindungsscheu abwehren.

Kein Geschlecht kann das andere für den Verlust der Traditionen verantwortlich machen oder entschädigen. Gewiss waren diese patriarchalisch und haben den Frauen in vielen Gesellschaften bis in die jüngste Zeit zentrale Rechte vorenthalten. Die Konstruktion, dass daher die einst Benachteiligten »etwas gut« hätten, ist verlockend, aber naiv. Sie kann nicht erreichen, was gewünscht wird. Sie verführt dazu, den narzisstischen Gewinn des Sieges in einer Rivalität höher einzuschätzen als eine Lösung, in der Individuen die allgemeinen Traditionsverluste verarbeiten und ihre persönlichen Traditionen in stabilen Ritualen finden.

Verändert haben sich die Machtverhältnisse in dem Rahmen, der die Paare umgibt. Rechtlich sind Männer und Frauen gleichgestellt. An Körperkraft und (sexualisierter) Gewaltbereitschaft sind die Männer nach wie vor überlegen. Knaben erleben durch die feminine Dominanz in Kinderbetreuung und Grundschule eine übermächtige weibliche Welt, Frauen eine durch latente Ängste vor Gewalt und sexuellem Übergriff geprägte männliche Welt. Erwachsene Frauen und Männer werden in einer langen Schulzeit gleichermaßen mit Lust und Leid der Rivalität vertraut gemacht. Sie müssen heute in ihren Liebesbeziehungen Rituale finden, welche diese Rivalität und das in ihr verborgene Schema von Gewinnern und Verlierern neutralisieren.

Ein Psychologe, der eine Psychologin geheiratet hat und hälftig das Baby versorgt, kritisiert den Vorteil, den sich die Mutter durch das Stillen verschafft. Da könne er nicht mithalten, da sei er einfach zweite Wahl. Flaschenfütterung sei fairer, aber er habe eingesehen, dass die Brust für das Kind besser sei, und sich zurückgenommen.

An solchen Szenen, die noch vor hundert Jahren undenkbar gewesen wären, wird die gegenwärtige Bandbreite der Rivalität deutlich und damit auch die Notwendigkeit von Distanz und Humor, um kreative Lösungen zu finden.

In vielen Paaren gibt es einen Teil, der aufräumt, und einen, der liegen lässt. Eine liebenswürdige Form von Selbst-Coaching habe ich bei einem Paar beobachtet, in dem beide Partner berufstätig sind. Der Mann beseitigt meist klaglos das Chaos, das seine Partnerin immer wieder hinterlässt. Befragt, warum er das so gelassen tue und nicht darauf bestehe, dass seine Frau ihren Anteil an der Hausarbeit erledige, antwortete er: Jahrhundertelang haben Frauen den

Männern hinterhergeräumt; ich leiste jetzt Wiedergutmachung.

Die Asymmetrie der Arbeit: Das Coaching von Karrieren und der Umgang mit Neid

Auch in der Liebe verschwindet ein Beziehungsgeschehen nicht, das beide Geschlechter vom Kindergarten an einüben: *Wer ist besser?*

In der Verliebtheit erfreuen sich die Partner für eine Weile an einer Gegenwelt. Zu ihrem Repertoire gehört, die Liebsten gewinnen zu lassen, freiwillig zurückzutreten. Dass der Glanz des Gegenübers eigener Glanz ist, macht doch die symbiotischen Illusionen so bezaubernd. Umso schmerzlicher ist für beide Partner der Absturz, wenn einer sagt: *Du hast doch immer nur an dich gedacht!* Denn auch in dem scheinbar befreiten Gebiet macht sich der Wettbewerb breit. Wer liebt reiner, intensiver, »besser«, wer denkt mehr an den anderen, tut mehr für ihn?

Das Coaching-Modell geht über das hinaus, was Paare in der Regel machen, wenn sie eine neue Situation gemeinsam bewältigen. Sie fragen einander, was zu tun ist, und handeln dann nach den Lösungen, die sie finden. Wenn eine Entscheidung getroffen wurde, die mir gut passt, mein Partner aber nachher Haare, vielleicht sogar ganze Perücken in der Suppe findet, werde ich ihn nach diesem Modell daran erinnern, dass wir es so ausgemacht haben und er einverstanden war.

Nun gibt es kaum eine Situation, die uns nachlässiger

mit Vereinbarungen und mit Zukunftsplanungen umgehen lässt, als die Aufbauphase einer Beziehung: Wenn ich schwanger werde, sehen wir weiter. Es ist wirklich praktischer, wenn ich zu Hause bleibe und erst einmal aus dem Beruf aussteige. Ich wollte schon immer auf dem Land wohnen, du wirst sehen, es gefällt dir. Ich sehe ein, dass du dir dieses Angebot nicht entgehen lassen kannst, auch wenn wir dann nur noch an den Wochenenden und in den Ferien zusammen sind.

Wenn die Beziehung *auch* unter dem Aspekt der Fürsorge für die Rolle des Partners gesehen wird, sieht das anders aus. Zu dem hier unter dem Coaching-Begriff konzipierten Vorgehen gehört es nämlich auch, sich *aktiv* Gedanken über die Beziehung und den Zustand des Partners zu machen und *nicht zu erwarten, dass schon alles gut ist, wenn er nur zustimmt.*

Die Wahl einer Vokabel aus dem beruflichen Bereich passt dazu: Professionelle Arbeit hat immer eine Verantwortung, die über die zustimmende Antwort auf die Frage »Ist es recht so?« hinausgeht. Das Coaching-Modell fordert, sich auch in die Situation des Gegenübers hineinzuversetzen und sich nicht einfach damit zufriedenzugeben, wenn dieses meine Position übernimmt, ich aber den Eindruck habe, dass die Folgen nicht gründlich genug durchdacht wurden. Coaching als Konzept des *Nachdenkens* über den Partner sollte Initiative wecken: Was kann ich tun, um die Zufriedenheit meines Gegenübers zu verbessern, vorausschauend, noch ehe ich nach Lösungen suchen muss, um Vorwürfe oder Klagen abzustellen?

Wenn während der Familiengründung eine Mutter auf

die Berufsarbeit verzichtet, um sich überwiegend den Kindern zu widmen, sollte der männliche Teil es auf keinen Fall allein ihr überlassen, wie sie diese Veränderung bewältigt und wie es später weitergeht.

Ich bleibe zu Hause, das ist das Beste für die Kinder! Keineswegs: Die Wahrscheinlichkeit von Verhaltensauffälligkeiten bei den Kindern mag in Familien mit einer *zufriedenen* Hausfrau am geringsten sein, aber solche Hausfrauen sind schwer zu finden. Und in den Familien mit einer *unzufriedenen* Hausfrau ist die Wahrscheinlichkeit, dass die Kinder neurotisch werden, am größten. Eine unzufriedene, aber berufstätige Mutter belastet die Kinder sogar noch etwas weniger als die unzufriedene Hausfrau.

Statistiken sind allerdings immer plakativ: Der unzufriedenen Hausfrau entspricht meist auch ein unzufriedener Mann, und das Familienklima ist von Spannungen geprägt, die intensiver auf die Kinder einwirken als bei Kindern berufstätiger Eltern. Die stützende Aufmerksamkeit, die sich auf das berufliche Schicksal der jungen Mutter richtet, ist nur ein kleiner Teil der Aufgaben, die mit dem Eintritt in die Kinderphase auf das Liebespaar zukommen.

Das fromme Konzept vom süßen Opfer des Egoismus an die Liebe, von der Selbstaufgabe, die ihren Lohn in sich trägt, mag über die eine oder andere Stromschnelle hinwegretten. Aber dann breitet sich ein ganz und gar nicht wohltätiger Nebel aus, in dem die Gefahren verschwinden. Wenn dann der Gedanke erst einmal gedacht ist, dass das Gegenüber die romantische Liebe »verraten« habe, ist er kaum wieder aus der Welt zu schaffen. Denn der Partner, dem dieser Verrat vorgeworfen wird, sieht nun seinerseits keinen Anlass mehr, an die guten Absichten eines Gegenübers zu glauben, das ihm Verrat vorgeworfen hat.

Da die Berufsarbeit eine wichtige Quelle narzisstischer Bestätigung ist, fördert es die Beziehung, wenn ein Gegenüber zufrieden von der Arbeit nach Hause kommt. Wer gut versorgt ist, kann mehr abgeben, während der schlecht mit beruflicher Anerkennung versorgte Partner Gefahr läuft, von der Familie ein unrealistisches Übermaß an Bestätigung zu erwarten. Da diese Erwartungshaltung und ihre Wurzeln meist nicht bewusst erlebt werden, belastet es Partnerschaft und Kinder, wenn sie enttäuscht wird.

Ein charakteristisches Beispiel ist der Familienvater, der nach einer Kränkung in seiner beruflichen Laufbahn besondere Zuwendung und Aufmerksamkeit von seiner Familie erwartet, auf der anderen Seite aber auch eifersüchtig ist, wenn es seiner Frau und seinen Kindern gut geht, ihm aber nicht. Er beginnt dann, Fehler in der Hausarbeit der Partnerin oder mangelnde Schulleistungen der Kinder zu kritisieren.

Diese Kritik veranlasst Frau und Kinder, sich von ihm zurückzuziehen. Er beginnt zu trinken und tyrannisiert mit seinen bald aggressiv, bald weinerlich vorgetragenen Tiraden seine Familie. Die nun gegen ihn wachsende Enttäuschung und Entwertung führt die Beteiligten immer tiefer in eine Spirale von Kränkung und Rückzug.

Die moderne Berufswelt ist komplex; manche Spezialisten können sich nur mit anderen Spezialisten austauschen. Dennoch spielen auch »weiche« Qualifikationen eine wichtige Rolle – Einfühlung oder die Fähigkeit, sich mündlich und schriftlich auszudrücken. Der Partner wird nicht immer verstehen können, wie die Berufswelt des anderen beschaffen ist, aber es trägt erheblich zur Stabilität ihrer Beziehung bei, wenn sie sich in ihren Tätigkeiten unterstützen und auf diese Weise ein Geschehen verhindern, das viele Ehen gefährdet: die Eifersucht auf »den Beruf« beziehungsweise die aus ihm gewonnene Bestätigung.

Max und Lisa haben sich zu Beginn ihrer Ehe manchmal lustig darüber gemacht, dass sie aus verfeindeten Professionen kommen: Der Kampf von Doktor und Apotheker ist ja schon das Thema einer Barockoper.[8] Lisa ist Apothekerin und arbeitet nur noch halbtags; Max hat nach anfänglichem Ärger über die »unternehmerische« Seite einer Arztpraxis aus der Not eine Tugend gemacht, ein Versorgungszentrum gegründet, Ärzte eingestellt. Als die beiden Hilfe suchen, ist die Situation in charakteristischer Form eskaliert. Lisa beklagt sich darüber, dass Max zu viel arbeitet und zu wenig Zeit für sie hat, seit die Kinder aus dem Haus sind. Max findet immer neue Ausreden und berufliche Notwendigkeiten, um spät nach Hause zu kommen und die Wochenenden in seinem Büro oder auf Tagungen zu verbringen.

Max findet, Lisa solle wieder mehr arbeiten oder eines ihrer alten Hobbys beleben. Lisa findet, Max solle sich nicht totschuften, sondern sein Leben genießen, mit ihr Reisen unternehmen und das Geld ausgeben, das er verdient. Die

---

8 *Doktor und Apotheker* ist ein Singspiel in zwei Akten von Carl Ditters von Dittersdorf.

Apotheke langweile sie. Alleine mag sie aber auch nicht reisen, es sei doch viel schöner zu zweit! Max stimmt zu, findet aber keinen Termin, an dem er länger als eine Woche das Steuer seines medizinischen Dickschiffes an jemand anderen abgeben kann. Die Arbeit dort macht ihm Freude, während ihn die Forderung Lisas nach gemeinsamer Freizeit belastet.

Wenn sich in dieser Situation die Partner nicht in der Bewältigung dieser unterschiedlichen Auffassungen unterstützen, wird Max immer mehr arbeiten und Lisa depressiv werden. Max wird lieber in sein Büro gehen oder sich auf Fortbildungen mit Kollegen treffen, als einen langen Urlaub mit Lisa zu riskieren, in dem seine Möglichkeiten begrenzt sind, sich ihren Vorwürfen zu entziehen.

Lisa gibt ihm das Gefühl, als Ehemann und womöglich auch noch als Arzt zu versagen, während er sich in seinem Versorgungszentrum jeden Tag als erfolgreich erlebt. Wie Wasser abwärts fließt, so strebt das menschliche Selbstgefühl zum Ort der größten Anerkennung.

Anfangs wurde die Krise verdeckt, weil Lisa durch die Erziehung der Kinder völlig ausgelastet war und es angenehm fand, dass sie ihren Beruf als reine Routine abhaken konnte – neben der Hausarbeit war die Apotheke eine angenehme Abwechslung, sie erholte sich dort von dem Chaos zu Hause.

Ihr Partner hingegen litt unter dem Druck, seine Praxisarbeit möglichst schnell und effizient zu erledigen. Er hätte gerne mehr Zeit dafür gehabt. Er freute sich auf eine zweite Karriere, die er anfangen wollte, sobald die herangewachsenen Kinder ihre Eltern nicht mehr brauchten.

Max wie Lisa projizierten ihre eigenen Einstellungen ineinander: Max dachte, Lisa würde dann wieder mehr in der Apotheke arbeiten, vielleicht eine zweite kaufen, um Synergieeffekte zu nutzen; Lisa hingegen dachte, wenn das Geld für sie beide gut reichen würde, könnten sie weniger arbeiten und mehr zusammen unternehmen: Reisen, ein Abonnement im Theater, gemütliche Abende.

Obwohl inzwischen absolut klar war, dass ihre Lebenspläne nach der silbernen Hochzeit unterschiedlicher nicht hätten sein können, fiel in der Paaranalyse auf, dass beide den von dieser Projektion abweichenden Entwurf des Gegenübers für »falsch« hielten und sich weigerten, ihn ernst zu nehmen und seine Verankerung in der Persönlichkeit des Partners anzuerkennen. Beiden war die medizinische Nomenklatur geläufig. Sie versuchten, ihr Gegenüber als psychiatrischer Behandlung bedürftig hinzustellen: Max behauptete, seine Frau leide an einer Jammerdepression; Lisa entdeckte bei Max Arbeitssucht und krankhaften Ehrgeiz, die beide mit seinem Vaterkomplex zusammenhängen würden.

Solche Krisen sind schwer lösbar, solange die Partner an einer Entwertung der Einstellung und der Persönlichkeit des Partners festhalten. Im Grunde ist das Leiden an der Differenz ein Zeichen, dass sich die Partner nach Nähe sehnen. Die *Entwertung* des differierenden Gegenübers ist allerdings das unbrauchbarste Mittel, mit ihr umzugehen. Sobald die Partner beginnen, die Unterschiede in ihren Vorstellungen über ihre gemeinsame Zukunft ernst zu nehmen und sich von der falschen Hoffnung zu befreien, dass sich ihr Gegenüber durch Vorwürfe und Schuldzuschreibungen ändern werde, können sie auch

Verhandlungen aufnehmen, sich unterstützen und unter Umständen eine Lösung finden. Von dem Augenblick an, in dem sich ein Partner durch den anderen in seinen Bedürfnissen erkannt und gefördert fühlt, wachsen in ihm auch die Motive, seinerseits etwas dafür zu tun, dass dieser neue, gute Geist in der Beziehung nicht wieder verschwindet.

Diese Motive ringen mit dem primitiven Rachebedürfnis. Es hängt über dem Rückweg zu einem gedeihlichen Miteinander wie die Lawine über dem verschneiten Tal. Wenn sich der Partner aus seiner Deckung herauswagt, einlenkt, eigene Fehler eingesteht und konstruktiv handelt, ist er auch verwundbarer als bisher. So wächst die Versuchung, bisher an seiner Gegenwehr gescheiterte Racheimpulse loszulassen.

Wenn ein Partner auf Rache nicht verzichten kann, gehört es doch zum konstruktiven Verhalten, dies weder zu ignorieren noch zur Gegenrache zu schreiten. Es geht um Verhandlungen, unter welchen Bedingungen es möglich ist, sich auf einen Verzicht auf solche Mittel zu einigen. Wie politische Dynamiken an vielen Orten zeigen: Es ist schwierig, mit Rebellen oder gar mit Terroristen zu verhandeln. Rachebedürfnisse raten, sie als Verbrecher zu verfolgen und auszulöschen. Anderseits ist es kaum je wichtiger, sich zu einigen, als gerade in solchen Fällen.

Wenn Partner ihre Aufmerksamkeit darauf richten, sich wechselseitig in ihrer Zufriedenheit in Beruf und Freizeit zu fördern, entlasten sie ihre Liebesbeziehung. Langfristig kann auch eine große und um Uneigennützigkeit bemühte Liebe Frustrationen nicht ausgleichen, die aus anderen Lebensbereichen stammen. Die siegreiche Macht der Liebe (»Omnia vincit amor«[9]) überwindet die Sprödigkeit des Objekts, scheitert aber an den Zumutungen eines Alltags, der einen Partner auf Kosten des Gegenübers bevorteilt.

Nur wenn sich die Bereitschaft zum Verzicht in den Überschwang mischt, wird eine Liebe alltagstauglich. Sobald sie von der Illusion ausgeht, *alles* sei erträglich, *solange wir nur zusammen sind*, begibt sie sich auf einen gefährlichen Weg.

Die Traditionen der Liebe haben die Differenz zwischen den Liebenden sozusagen vorformuliert – in einer Welt klar unterschiedener Geschlechtsrollen lehren Männer Männer und Frauen Frauen, was vom anderen Geschlecht erwartet wird und was ihm zusteht. Im Zeitalter des *Anything goes* sind Erwartungen an Liebesparadiese freigesetzt. Sie können in die Hölle führen, sobald sie mit der Sturheit durchgesetzt werden, die in traditionellen Zeiten selbstverständlich war.

Die Individualisierung wirkt wie eine Zentrifuge: Sie schleudert die schwereren Bestandteile – die Männer – weiter aus den Familien heraus als die leichteren, Frauen und Kinder. Frauen erziehen beide Geschlechter; Männer verschwinden aus dem Alltag der Kinder.

Die Metapher von der Zentrifuge spiegelt jedoch nur scheinbar ein Naturgesetz. In der modernen Gesellschaft fällt der Verlust des Vaters weit mehr auf als die Veränderungen der Mütter. Verantwortlich dafür ist ein Gemisch

---

9 »Liebe besiegt alles« war der Wahlspruch der Minnesänger im 13. und 14. Jahrhundert. Der Spruch geht zurück auf ein Zitat aus Vergils 10. Ekloge (10, 69).

aus traditionellen Rollenerwartungen und den Anforderungen – aber auch Möglichkeiten – der Mobilität. Männer, die aus den Familien verschwinden, sind nicht Objekte, die einfach der Schwerkraft folgen. Aber es scheinen stärkere Kräfte auf sie zu wirken.

Die vom Vater verlassene oder durch seine mangelnde Präsenz irritierte Familie bringt Fantasien der Söhne hervor, es in ihren eigenen Familien anders zu machen. Da sie keine innere Orientierung an einer Identifizierung mit dem Vater haben, suchen sie Halt an ihren Frauen. Sie gehen davon aus, dass die Anpassung an deren Bedürfnisse und Wünsche das Fundament für eine gute Ehe legen wird. Die weibliche (Über-)Macht kränkt den männlichen Stolz und ist doch unverzichtbar. Der Mann möchte, dass seine Frau ihm sagt, was er tun muss, um seine Männerrolle auszufüllen.

Diese Familien geraten in eine Krise, sobald die Frau es müde wird, Mann und Kinder zu managen. »Immer soll ich sagen, was wir in der Freizeit machen, wohin wir in Urlaub fahren, ob die Kinder Ballettunterricht haben oder ein Musikinstrument lernen sollen. Du bringst dich nicht ein, du wartest immer auf meine Vorschläge!«

»Welche Vorschläge soll ich denn machen, Schatz?«

Oder aber die Männer erleben sich zunehmend als fremdbestimmt, als passive Befehlsempfänger. »Ich bin von meiner Frau gelebt worden«, sagt ein Rentner bedrückt zu seiner Pflegerin im Altersheim. Manche resignieren, andere rebellieren. Während sie in der Familie müder und einfallsloser werden, blühen sie am Arbeitsplatz auf und erobern in dem dort aktivierten Selbstgefühl neue Frauen. Die Geliebten wundern sich dann, weshalb die Ehefrauen mit diesem aufmerksamen, liebenswürdigen Mann so verächtlich umgehen.

Die Ehefrauen freilich würden sich in den Schilderungen nicht wiedererkennen, die ihr Ehemann von den häuslichen Verhältnissen gibt. Nachdem sie ihre Rolle als (Liebes-)Partnerin verloren haben, werden sie von ihren Männern unabsichtlich, aber wirksam in die Rolle der Gouvernante gedrängt. Sie werden nicht mehr als bedürftig erlebt, sondern als fordernd, nicht als kooperativ, sondern als streng.

Wo die Partnerin vergeblich auf einen zärtlichen und aufmerksamen Mann wartet, hört die Geliebte, die Ehefrau sei übermächtig, nie zufrieden und sexuell seit der Geburt des letzten Kindes desinteressiert. Wenn diese so unterschiedlichen Bilder den Schutz von Diskretion und Verheimlichung verlieren, sind die Kränkungen groß und die Vorwürfe heftig: »Du hast mich die ganze Zeit belogen!« Die riesigen Speichermöglichkeiten der modernen Kommunikationsmittel untermauern solche Anklagen gnadenlos. Sie lassen sich kaum mehr beschönigen und vergiften dauerhaft das Klima.

Wer solche kränkenden Botschaften nicht sofort löscht, nimmt es in Kauf, dass ein Gegenüber auf grausamste Weise aus einer gemeinsam aufgebauten Illusion über Gegenseitigkeit und Bindung herausgerissen wird – mit Folgen, die dem Paar nicht zu wünschen sind.

Unsere moralischen Ideale zeigen uns die Richtung an zu den großen Werten des Lebens. Sie versagen angesichts der klassischen Aufgabe von Therapie und Coaching: dem Auffinden des kleineren Übels. Was tun in einer Situation, in der emotionale und moralische Bedürfnisse einfach nicht zusammenpassen? Tragisch scheitern, wie es das bürgerliche Trauerspiel der Klassik (*Kabale und Liebe*) vorgibt, oder nach Kompromissen suchen?

Wenn sich berufliche Selbstverwirklichung, erotische Bindung und Kooperation in der Elternschaft durch festen inneren Halt am Liebesideal entwickeln und festigen, benötigt das Paar weder Hilfe von außen noch Reflexion über die Gesichtspunkte des Coachings. Sobald aber diese gemeinsame Entwicklung zu stocken droht, kann es sehr problematisch werden, nun den moralischen Druck zu steigern und darüber die Suche nach Lösungen zu opfern, welche die Schwächen der Partner respektieren. Von der Orientierung an den Liebesidealen unterscheidet sich die Unterstützung der Partner in ihrer Rollenfindung durch den Respekt vor begrenzten Ressourcen.

Angesichts der komplexen Strukturen und der vielen Sackgassen der modernen Berufswelt riskieren Paare viel, wenn sie an dem Glauben festhalten, dass ein dankbarer Partner und zufriedene Kinder für den Verzicht auf berufliche Anerkennung entschädigen. Dankbarkeit ist der Treue verwandt, eine seelische Leistung, die viel Reife und innere Festigkeit verlangt. Sie konkurriert mit älteren, primitiver strukturierten Kräften, die sich am Augenblick orientieren und solche Verpflichtungen ebenso lästig finden wie die Schuldgefühle, die sie bewachen.

Partner, die ihre Beziehung festigen und möglichst viel von der Liebe bewahren wollen, die ihr zu Beginn Kraft und Schwung spendete, sollten Liebe und Dankbarkeit nicht als Notnagel nutzen, sondern als Grundlage für Verhandlungen, in denen es immer auch um die ganz gegenwärtige Zufriedenheit und die gerechte Verteilung von Last und Lust geht. Der privilegierte Teil einer Beziehung darf seine bevorzugte Stellung nicht nutzen, um sich zu entziehen und dem schwächeren Teil die Aufgabe aufzuerlegen, sich zu melden und zu verhandeln, wenn ihm etwas nicht passt. Das ist eine Aufgabe *beider* Seiten, und wenn sie nicht gelingt, trägt der Privilegierte für diese Fehlentwicklung ebenso viel Verantwortung wie sein Gegenüber.

Es ist bequem, sich aus der Verantwortung zu stehlen, indem man unterstreicht, mündige Erwachsene wüssten stets am besten, was gut für sie sei. Das ist zu banal, um mehr zu sein als eine Ausrede. Der Arzt nutzt sie, um seine ungenügende Information über Nutzen und Nachteil eines Eingriffs zu bemänteln, der Bankberater, um eine faule Anlage zu verkaufen. Gute Ärzte und Anlageberater hingegen kümmern sich um die Interessen ihres Gegenübers, als wären es ihre eigenen.

In einer Partnerschaft sollte es ähnlich sein. Sie ist ein Spiel, in dem entweder beide gewinnen oder beide verlieren. Wer sein Gegenüber mattsetzt und behauptet, das sei doch ganz in Ordnung, er habe sich an die Regeln gehalten und ehrlich gewonnen, opfert die langfristige Bindung dem kurzen narzisstischen Genuss, Sieger in einer Rivalität zu sein. Solche Siege schwächen beide. Der Bauer hat nicht gegen die Kuh gewonnen, wenn er sie nur melkt und nicht auch füttert.

Unsere Urgroßeltern wuchsen in Rollen hinein, die schon da waren und nur noch gefüllt werden mussten. Die Gegenwart und die Zukunft gehören der Verhandlung. Das Coaching-Modell regt dazu an, sich klarzumachen, dass der eigene Nutzen *dauerhaft* am größten ist, wenn das Gegenüber sich unterstützt und nicht ausgebeutet fühlt. Das Gleiche gilt für eine moderne Erziehung: Auch sie beruht auf Verhandlungen zum wechselseitigen Nutzen, nicht darauf, dass die Kinder die von den Eltern (und der hinter diesen stehenden Tradition) vorgegebene Rolle füllen.

Da Berufsarbeit eine wichtige Stütze des Selbstgefühls ist, orientieren sich solche Verhandlungen daran, wie diese Stütze in der Gegenwart und der Zukunft der Partner gefestigt werden kann. Die Geburt von Kindern oder die Pflegebedürftigkeit von Familienangehörigen rütteln an dieser Stütze. Es bedarf der Aufmerksamkeit *aller* Familienangehörigen, dafür zu sorgen, dass dann die Stabilität der Konstruktion nicht verloren geht.

Vor ähnliche Probleme stellt die Ungleichzeitigkeit angesichts des Ausscheidens aus dem Beruf.

Gerda hat eine Beratungsabteilung in einer Bank mit aufgebaut und im Alter von 60 Jahren deren Leitung übernommen. Ihr Ehemann Ulrich ist vier Jahre älter und wird als Beamter im Alter von 65 Jahren pensioniert. Beide haben es bisher vermieden, darüber zu sprechen, wie sich diese Veränderungen auf ihre Beziehung auswirken. Gerda dachte, Ulrich sei unzugänglich für ihre Sorge, wie er den jähen Verlust seiner Berufstätigkeit verkraften werde. Er hatte Nachfragen abgewehrt: Er sei heilfroh, wenn er das Büro nicht mehr sehe und seinen jüngeren Chef endlich los sei!

Ulrich beneidete insgeheim seine Frau. Sie war keine Akademikerin, während er Jura studiert hatte. Aber sie hatte sich ständig weiterqualifiziert und war inzwischen Chefin von Akademikerinnen, während er 20 Jahre lang nicht mehr befördert worden war. Um wenigstens irgendetwas zu sagen und ihren deprimierten Mann nach seiner Pensionierung aufzuheitern, sagt Gerda endlich: »Es hat doch auch etwas Gutes. Jetzt kannst du mir mehr von der Hausarbeit abnehmen!« Sie hat bisher für beide gekocht und die Wäsche gewaschen, während Ulrich sich darauf beschränkt hat, die Spülmaschine einzuräumen und den Staubsauger zu bedienen.

»Ich bin doch nicht dein Sklave«, schreit Ulrich empört. »Ich habe mich darauf gefreut, jetzt endlich ein Wohnmobil zu kaufen und zusammen mit dir um das Mittelmeer zu reisen. Aber du musstest ja unbedingt diesen Job in deiner Bank annehmen. Wahrscheinlich werden sie dich auch noch bitten zu bleiben, wenn du längst in Rente gehen könntest!«

Wer Verhandlungen gleich mit einem Lösungsvorschlag eröffnet, macht sich die Sache oft schwerer, als sie wird, wenn die Beteiligten zu Beginn erst einmal Gelegenheit finden, über die Bedürfnisse zu sprechen, die sie mitgebracht haben. Gerda kommt an sich, gut organisiert wie sie ist, problemlos mit der Hausarbeit zurecht. Sie möchte Ulrich aus seinem Brüten und dem ihm von ihr erst einmal unterstellten Gefühl heraushelfen, er sei nutzlos geworden. Ulrich hingegen fürchtet sich insgeheim vor Gerdas Überlegenheit. Gerda will ihn versklaven!

Zu Beginn der Verhandlungen stehen sich zwei einander ausschließende Lösungen gegenüber; beide Partner fühlen sich mit dem Rücken zur Wand. Es gibt keine Möglichkeit für Humor und für eine Versöhnung der Gegensätze. Der Punkt, an dem beide anknüpfen können, ist Ulrichs Projekt mit dem Wohnmobil. Er hat es überzogen, aber es scheint auch etwas zu sein, von dem er schon länger träumt. Hier kann Gerda mit einsteigen, ihn unterstützen, ihre Bereitschaft erklären, erst einmal kürzere Reisen zu machen und zu sehen, ob sie damit gut zurechtkommen und was es dabei zu bedenken und aufzubauen gilt. Wenn Ulrich diesen Weg einschlägt und seinen Wohnmobil-Haushalt kultiviert, wird er am Ende vermutlich ein aufmerksamer Hausmann; Gerda ist dort *sein* Gast, so wie Ulrich sich bisher eher als Gast in Gerdas Haushalt verstanden hat.

In modernen Ehen droht immer wieder die Gefahr des Führungsvakuums. Frauen halten unbewusst daran fest, dass die Männer wissen *sollten,* wo es langgeht. Sie warten also auf den männlichen Vorschlag, auch wenn sie längst eine bessere Idee haben. Dann melden sie Bedenken an, um seine Fehler zu korrigieren.

Die Männer fühlen sich entwertet, reagieren gekränkt, ziehen sich zurück: »Du weißt eh alles besser, dir kann man es nicht recht machen, du nörgelst nur an mir herum!« – »Soll ich alles machen, was der Pascha sagt, und den Mund halten?« Oft meinen Ehepaare, sie hätten sich längst geeinigt, zu kooperieren und sich auf Augenhöhe zu begegnen. Aber wer genau zuhört, erkennt doch, dass sie sich nicht wirklich darüber geeinigt haben, wer diese Augenhöhe definiert.

Die erotische Asymmetrie:
Das Coaching der liebevollen Differenz

Erotik ist der wichtigste Antrieb im menschlichen Leben. Andere Affekte, wie Panik oder Wut, beschäftigen uns meist nur für kurze Zeit. Wir sind erleichtert, wenn wir sie wieder unter Kontrolle haben und das Leben erneut »normal« wird. Erotik hingegen führt zu intensiven Fantasien, prägt das Leben, verändert die Persönlichkeit in einer sonst nicht denkbaren Form. Parallel zu dieser Macht des Eros über das menschliche Leben wächst auch das Bedürfnis, angesichts der Gefahren, die mit ihm verbunden sind, Schutz zu finden, sicher und geborgen zu sein.

Die Erotik ist in vorwiegend glücklichen Paaren das zentrale Modell für wechselseitige Unterstützung. Die Hingabe an starke Gefühle weckt grundsätzlich Angst in uns – Psychoanalytiker sprechen von der »Angst vor der Triebstärke«. Da nun kein Mensch ohne Geschichte ist und zu dieser Geschichte oft Versuche der Erwachsenen gehören, die erotischen Empfindungen des Kindes zu beeinflussen, kommen noch Ängste aus anderen, sozialen Quellen hinzu. Ein gewisses Maß an Angst vor der eigenen sexuellen Erregung ist »normal«.

In vielen Kulturen wird Kindern ein »reiner«, nicht erotischer Zustand zugeschrieben. Das ist falsch und richtig zugleich. Kinder kennen sexuelle Erregungen, aber diese sind ganzheitlicher und mehr in Zärtlichkeit eingebettet als in die Leidenschaft, wie sie Erwachsene kennen. Manche Erzieher wollen diese Reinheit erhalten; sie leugnen oder bestrafen die erotischen Anteile im kindlichen Verhalten. Die Gesellschaft findet das meist auch »normal«; Freud hat da allerdings energisch widersprochen. Andere Erzieher durchbrechen durch eigene sexuelle Gier das kindliche Bedürfnis nach Empathie, Schutz und Zärtlichkeit. Durch *beide* Übergriffe wächst die Angst vor den eigenen erotischen Wünschen.

Vermeidungsverhalten in der Erotik, aber auch plötzliche Durchbrüche traumatischer Erinnerungen können die Folge sein: Die Frau, die eben noch verführerisch wirkte, erstarrt aus ungreifbarer Ursache, empfindet nichts mehr und versteht selbst nicht, was mit ihr geschieht.

Die erotische Bindung entfaltet lebensprägende Kräfte, weil sie die Angst vor der Stärke der sexuellen Wünsche mildert und auf diesem Weg große seelische Kräfte freisetzen kann. Wenn sich Liebespartner gefunden haben, entsteht eine neuartige Situation, die der Volksmund als »Verliebtheit« beschreibt. Der geliebte Mensch wird überschätzt, ihm werden alle denkbaren guten Eigenschaften zugeschrieben, er ist gottgleich, allmächtig, allwissend. Unter dem Schutz dieser ihm oder ihr zugeschriebenen Allmacht kann sich nun die bisher von Ängsten eingeschränkte Erotik entfalten.

Ein einfühlendes Gegenüber weckt die schlummernden Kräfte des Eros und bündelt die vorhandenen Möglichkeiten. Die erotische Aktivität wird angstfreier. Je besser das gelingt, desto stabiler ist auch die Bindung, die nun entsteht. Die Sexualität mit dem Partner beziehungsweise der Partnerin nutzt alle bisher angesammelten Potenziale der Autoerotik und führt über sie hinaus.

Gemessen an der Kraft der Verliebtheit sind die Einflussmöglichkeiten blass und schwach, über die ein Erzieher, Therapeut oder Coach verfügt. Wer auf einem Fluss reist, kann die Strömung nutzen, aber nicht lenken; ähnlich ist es immer auch mit dem Coaching in der Liebe. Es mag gelingen, Hindernisse wegzuräumen, vielleicht sogar einen Stau zu beseitigen, der durch Treibgut entstanden ist, das sich quergestellt hat. Aber es geht stets darum, die Kraft des fließenden Wassers zu respektieren.

Das Coaching der sexuellen Differenz lässt sich als Unterstützung in der Verarbeitung der Ängste auffassen, die dem Fließen der sexuellen Energie im Wege stehen. Diese Ängste wurzeln in der Triebstärke und/oder in verletzenden Erfahrungen. Diese sind manchmal nicht mehr bewusst und daher schwer zu greifen, vor allem wenn sie auf den Partner projiziert werden: Nicht ich fürchte mich vor der Erotik, du übertreibst deine Forderungen, *du bedrohst mich, wenn ich nicht funktioniere!*

Hier wurzeln Interaktionsmuster, die das Sexualleben von Paaren buchstäblich vernichten. Wenn eine Seite leise Zeichen von Kritik und Unzufriedenheit als bedrohliche Aggression empfindet, verschwindet die erotisierende Schutzfunktion der Verliebtheit. Der als bedrohlich, als entwertend erlebte Partner verwandelt sich aus einem Erleichterer der sexuellen Aktivität in einen Erschwerer. Manche Menschen erleben Sätze wie »Du interessierst dich gar nicht mehr für mich!« oder »Du hast mich schon ewige Zeiten nicht mehr verführt!« als Aufforderung, eine eingeschlafene Erotik zu beleben. Andere aber fühlen, wie sich durch solche Sätze eine Decke aus Blei über ihre erotischen Äußerungsmöglichkeiten legt.

Kritik an einer erotischen Performance – oder auch der Anspruch, für sie gelobt zu werden, der doch auch die Möglichkeit von Tadel aktiviert – versucht den erotischen Fluss auf die Mühlen des Narzissmus hin zu kanalisieren. Sie greift in das Biotop ein, das sich während der Verliebtheit entfaltet hat, mit oft verheerenden Folgen. Männer und Frauen sind in solchen Szenen oft unfähig, vorauszusehen, was sie anrichten. Sie verstehen die Kränkungen nicht, die sie bewirkt haben, und verzagen angesichts der Aufgabe, den Schaden rückgängig zu machen.

Bernds Vater hat die Mutter verlassen. Diese hat ihren Sohn »besetzt«, ihn bewundert und kritisiert. Bernd macht Karriere. Er sammelt Eroberungen und meidet Bindungen. Seiner neuen Freundin Bianca erklärt er, er werde nie heiraten. Bianca gefällt der fürsorgliche, sportliche und energische Mann. Sie studiert noch und macht keine Zukunftspläne. Bianca hatte eine sehr enge und harmonische Beziehung zu ihrer Mutter. Bernd findet Bianca erotisch attraktiv. Es stört ihn ein wenig, dass sie so passiv und vorsichtig ist. Er ermutigt sie, mehr aus sich herauszugehen, und sie versucht es, sagt aber auch, das sei eben nicht ihr Ding.

Dann erkrankt Bernds Mutter an Krebs. Die Prognose ist ungünstig. Bernd macht Bianca einen Heiratsantrag. Er will schnell eine Familie gründen, vielleicht sieht die Mutter ja den ersten Enkel noch. Bianca ist gerührt und unterstützt Bernd, so gut sie kann. Sie wird auch gleich schwanger und kann tatsächlich der schwerkranken Großmutter noch eine Enkeltochter präsentieren.

Nach dem Tod seiner Mutter sucht Bernd Trost in einer intensiveren Erotik mit Bianca. Er beginnt, sie zu kritisieren, wenn sie seine Erwartungen nicht erfüllt. Er sucht die Widerstrebende für Praktiken zu gewinnen, die ihr zuwider sind. Weil sie ihm nicht gerne widerspricht, versucht sie, ihm entgegenzukommen. Aber einmal klagt sie nachher doch, es habe keinen Spaß gemacht, er habe ihr wehgetan, aber sie habe ihn nicht auf seinem Weg zum Orgasmus aufhalten wollen.

Bernd ist wochenlang beleidigt, zieht sich jetzt viel mehr zurück, als es ihr angenehm ist, bleibt abends mit Ausreden länger weg. Sie hat nur die Wahrheit gesagt, denkt Bianca. Das muss sie doch tun können!

Ein halbes Jahr später gerät die Ehe in eine Krise, von der sie sich nicht wieder erholt. Während eines Wochenendurlaubs greift Bianca nach Bernds Mobiltelefon, ihr eigenes hat keinen Empfang. Sie entdeckt einen Austausch erotischer Kurznachrichten mit einer Frau. Bernd gibt zu, dass er eine Geliebte hat. – Bianca solle sich nicht wundern, sie habe ihm ja hinreichend deutlich gemacht, dass sie an Sex mit ihm nicht nur kein Interesse habe, sondern diesen unangenehm finde.

Bernd verbirgt hinter seiner Fassade des Draufgängers kindliche Ängste, von der Mutter verlassen und abgelehnt zu werden. Er hat sich latent mit dem von der Mutter entwerteten Vater identifiziert. In seinem jäh angesichts des drohenden Todes seiner Mutter hervorbrechenden Wunsch, eine Familie zu gründen, spiegelt sich eine unbewusste Fantasie seiner Kindheit, der Mutter den Vater zu ersetzen, die er bisher durch seine Angst vor Bindungen bekämpft hat.

In seiner sexuellen Aktivität beweist sich Bernd seine

brüchige Männlichkeit. Bianca kann den Druck, unter dem Bernd steht, nicht nachvollziehen. Sie bewundert ihn und unterstellt ihm ihre eigenen Stärken. Daher kann sie sich auch nicht in seine Kränkung einfühlen – er wird doch verstehen, wie sie es gemeint hat. Sie wollte doch nicht seine Erotik, seine Männlichkeit schlechtreden, sondern nur klären, dass ihr zwar das meiste, aber doch nicht alles gefällt, was zwischen ihnen im Bett abläuft.

Bernd hingegen kann mit dem Mangel an Spiegelung seiner eigenen sexuellen Bedürftigkeit viel schlechter umgehen als Bianca, die den Unterschied zwischen ihren und seinen Bedürfnissen meist gelassen ertragen hat. Er will öfter, er will mehr, ihr reicht viel weniger, aber sie bemüht sich, ihn nicht zu enttäuschen – wo ist das Problem? Das Problem liegt zum Teil in der Paradoxie des Neides auf eine erotische Gelassenheit und Souveränität, die sich Bernd für sich selbst wünscht. Er wäre gerne unabhängiger, weniger auf sexuelle Bestätigung angewiesen, er hätte viel lieber sich in Biancas Rolle und Bianca in der seinen.

Warum konnte Bianca Bernd nicht unterstützen und ihm einen weniger kränkbaren und unsicheren Umgang mit seiner Sexualität ermöglichen? Sie hat sich nicht stark genug gefühlt, weil sie ihre eigenen Stärken verleugnet und sie eher Bernd zugeschrieben hat.

Idealisierungen sind ein Geschenk mit Schattenseiten. Sie tragen sonst nicht mögliche Entwicklungen, weil sie Liebenden Sicherheit und Mut geben. Aber sie verführen auch dazu, Schwierigkeiten zu leugnen und mit Unterstützung zu geizen, weil dem Partner zugeschrieben wird, er könne alle Probleme lösen und habe selbst keine.

Noch mehr als in anderen Bereichen von Liebesbeziehungen geht es in der Erotik um die passive Kompetenz – die Fähigkeit, etwas geschehen zu lassen, ohne es zu stören. Unser Ich ist eine konfliktträchtige Konstruktion, weil es willkürlich kontrollierbare und unwillkürliche Prozesse gleichermaßen steuern soll und die dazu nötigen Register nicht immer sauber trennen kann. Coaching in der (erotischen) Liebe sieht darum eher so aus, dass vor allem Störendes unterlassen und der Partner darin gefördert wird, sich ungestört seinen eigenen Empfindungen hinzugeben. Die Sprache mit ihren vielen kontrollierenden und bewertenden Aspekten ist hier gefährlich und hilfreich zugleich.

Die feuchte Scheide, das steife Glied sind einfach da, wenn ihnen nichts im Weg steht. Es ist ähnlich wie beim Schlucken, beim Atmen, bei den Ausscheidungsvorgängen: Sie laufen »von selbst« ab, ohne dass wir wissen, wie sie geschehen. Erst wenn sie *nicht* gelingen, wecken sie Aufmerksamkeit, die dann aber oft eher die Störung verfestigt als von ihr befreit. Denn die Störung macht Angst, und Angst spannt die Aufmerksamkeit in Richtung auf die Wahrnehmung äußerer Feinde und hemmt, was dazu unnötig ist.

Liebe selbstbezogen auf den eigenen Genuss geschehen zu lassen ist ein egoistisches Geschenk. Es verschmilzt Ich und Du, zerfällt aber in dem Augenblick, in dem eine Hälfte erlebt, dass die andere »nur« an sich und an die eigene Befriedigung denkt. In dieser Situation stehen die Betroffenen vor der Wahl, ihr Leid zu verallgemeinern und ihr Gegenüber aus seinem selbstbezogenen Genuss zu reißen oder sich diesem Genießenden wieder anzuschließen und auf diesem Weg in die gemeinsame Freude zurückzufinden.

Nach der Strategie, das kleinere Übel zu suchen, wenn schon das große Gut nicht gefunden werden kann, wäre der gelingende Genuss der einen Hälfte immer besser als das Misslingen beider. Während Menschen sich in anderen Situationen ironisch von der sprichwörtlichen »chinesischen Höflichkeit« distanzieren können, gelingt das in der Erotik nur selten.

Ein Beispiel für diese Höflichkeit ist der Regenschirm, der nur für einen reicht. Sind zwei unterwegs, wird er zusammengeklappt: So sind beide nass, und es gibt keine Ungerechtigkeit. Wenn bei einem Paar die Erotik nach wenigen Jahren uninteressant wird oder nach der Geburt eines Kindes ausklingt, liegt das oft an solchen scheinbar gerechten Lösungen: Entweder sind wir beide gleich interessiert, oder wir lassen es lieber.

Ein Partner ist gekränkt, weil sein Gegenüber weniger Initiative und erotisches Begehren zeigt. Er reagiert vorwurfsvoll und entwertend. Sein Gegenüber kontert: Nicht ich will zu wenig, du willst zu viel!

Dadurch verliert das Paar den geschützten Raum, in dem sich bisher die Erotik entfalten konnte und in dem die Frage gar nicht gestellt wurde, wer mehr Spaß hatte und von wem die Initiative ausging. Die Partner erleben ihr Gegenüber mehr und mehr als Schulmeister oder Gouvernante, als jemanden, der ihre Performance bewertet. In einem von Leistungsdruck und Versagensangst bestimmten Klima kann sich keine Lust entfalten. Sie verschwindet durch den Versuch, sie zu erzwingen.

Nicht selten taucht auf die Frage nach den Gründen

für sexuelles Desinteresse das Argument auf: »Wir reden so wenig miteinander, du bist mir so fern, deshalb habe ich keine Lust, mit dir zu schlafen!« Die Gegenseite reagiert manchmal mit Argumenten wie: »Ich fühle mich erotisch zurückgewiesen und will nicht immer auf meiner Kränkung herumreiten, was soll ich sonst noch sagen?« Hier ist das Sicherheit stiftende Ritual zerfallen, das zu Beginn der Beziehung aufgebaut wurde.

Damals tauschten sich die Partner intensiv aus, verbal und erotisch; die eine Sprache konnte für die andere stehen, es wurde nicht nachgezählt, wer mehr Worte gesagt oder mehr sexuelle Initiativen ergriffen hatte. Es ist sehr viel schwieriger, ein solches Ritual nach dem Zerfall wieder aufzubauen, als es durch die Verliebtheit zu beginnen. Das liegt daran, dass die Verliebtheit erst einmal durch Idealisierung entsteht. Da es keine negativen Erinnerungen an den Partner gibt, können die positiven Bilder ungehemmt projiziert werden. Die Liebsten können alles, verstehen alles, dürfen alles, erlauben alles.

Diese Situation verändert sich im Alltag, oft bereits in der gemeinsamen Wohnung, auf jeden Fall nach der Geburt des gemeinsamen Kindes, wenn die unterschiedlichen Aufgaben der Eltern in den Vordergrund treten. Plötzlich soll unterschieden werden, was an der Liebe Illusion, was Wirklichkeit ist. »Ich werde dich auf Händen tragen!« – »Wie weit, wohin, kannst du auch mein Gepäck mitnehmen?«

Auf einmal schießen Bedingungen aus dem Boden. Ein Subtext wird deutlich: *Ich kann dich nur weiter lieben, wenn du so funktionierst, wie ich es erwarte.* Wenn in diesem Zusammenhang ein Partner beginnt, sein Gegenüber zu fürchten, wenn er dessen Auftreten, dessen Worte mit dem verbindet, was gefährliche Autoritäten – Eltern, Lehrer – früher gesagt haben, dann gehen die Sicherheiten verloren, die sich während der Idealisierung des Liebesobjektes eingestellt haben und der Erotik zu ihrem unvergleichlichen Glanz verhalfen. Damit ist aber auch die gemeinsame, symbiotische Illusion verloren, dass ich ihn – sie mich – wir uns verstehen.

Wo früher ein Strauß Blumen der unübertreffliche Ausdruck von Liebe war, bedankt sich heute die Beschenkte höflich und gerät sofort ins Grübeln: Was will er damit? Ist er fremdgegangen und will gut Wetter machen? Möchte er mich heute Abend ins Bett zerren? Ich will doch nur, dass er *endlich mit mir redet!* Und genau das tut er nicht. Er bringt Blumen mit. Blumen kann ich mir selber kaufen!

Der ernste Hintergrund des von Satirikern bespöttelten Bedürfnisses von Frauen, mit ihren Männern *zu reden*, liegt darin, dass nach Wegen gesucht wird, die in eine Symbiose eingedrungene Angst hinauszuschaffen. Dieses Reden hat eine ähnliche Funktion wie die Lenzpumpe in den hölzernen Segelschiffen: Da immer ein wenig Wasser eindringt, muss regelmäßig gepumpt werden. Wird das unterlassen, dringt immer mehr Wasser ein. Am Ende ist das vernachlässigte Schiff nicht mehr manövrierfähig.

In vielen modernen Ehen hat für die Männer das sexuelle Entgegenkommen ihres Gegenübers eine ähnlich angstmildernde Qualität wie für die Frauen der Zugang zur Innenwelt ihres Partners. Wer diese zentralen Bedürfnisse nicht versteht, wird sie falsch deuten: als Anpassung an den Egoismus, an Leistungsforderungen des Gegenübers. Die Reaktion ist Trotz. Die Frau verweigert die Sexualität. Manchmal lässt sie ihn sozusagen achselzuckend machen, ihr ist nichts vorzuwerfen, soll er seinen Spaß haben! Später sagt sie, wenn der Streit heftiger wird, dass sie schon lange denkt, er solle sich eine Sexpuppe kaufen, das sei für ihn bequemer.

Der Mann verweigert den Zugang zu seiner Innenwelt. Er denkt doch nicht daran, Männchen zu machen und sich stundenlag zu erklären. Entweder sie liebt ihn, oder sie ist undankbar und frigide! Er geht zu Prostituierten, besucht Pornoseiten – dort sind die Frauen »richtig«, denn sobald sie einen Penis sehen, halten sie sich nicht mit Reden auf.

Die Umsätze der Pornoindustrie zeigen die Macht der Ängste vor dem Verlust der Kontrolle in der Erotik. Wenn erotische Aktionen drastisch bebildert und konserviert werden, versprechen sie den Konsumenten Schutz vor dem Verlust der Potenz, vor Überwältigung, vor erlebter Leidenschaft. Das ist gerade für Männer, deren Privilegien in der individualisierten Gesellschaft schwinden, sehr verführerisch. Die männlichen Kastrationsängste werden in der Pornografie manisch abgewehrt, radikal geleugnet und gerade dadurch in ihrer Übermacht angesichts realer Frauen bekräftigt.

Benno und Laura suchen therapeutische Hilfe. Seine Frau hat in seinem Laptop entdeckt, dass Benno Pornoseiten besucht. Laura ist verstört und depressiv, das hätte sie ihm nie zugetraut, gerade jetzt, wo sie in ihrem Selbstbewusstsein so erschüttert ist, weil sie eine Fehlgeburt hatte. Die Anamnese zeigt, dass Benno aus einer Ehe kommt, in der die Mutter viel über Depressionen klagte und dem Vater vorwarf, er setze seine sexuellen Wünsche rücksichtslos durch. Benno hat diese Situation so verarbeitet, dass er die erotische Initiative Laura überließ. Nach der Fehlgeburt zweifelte Laura so sehr an sich selbst, dass sie dazu nicht mehr in der Lage war. Sie wünschte sich, ohne es klar sagen zu können, von Benno erotische Initiative und eine Bestätigung ihrer Weiblichkeit. Benno aber sah in Laura seine depressive Mutter auferstehen und flüchtete zu den pornografischen Bildern. Hier ergreifen die Frauen schamlos die Initiative und erzeugen so eine manische Stimmung, die ihn von seiner Angst ablenkt, als Mann versagt zu haben.

Das erotische Leben eines Paares benötigt in der Bildschirm-Gesellschaft eine Art Wehrhaftigkeit gegen die imaginäre Konkurrenz der Pornografie. Die Partner können, indem sie gemeinsame Grenzen gegen solche manischen Fiktionen finden, ihre eigene Erotik bewahren.

Erotische Rivalen:
Das Coaching des eifersüchtigen Partners

Sexuelle Untreue wird vermehrt zum Problem, wenn die symbiotische Phase der Verliebtheit endet und die Unterschiede in der Intensität des sexuellen Begehrens verarbeitet werden müssen. Es gibt Ausnahmen – manche Männer und (seltener) Frauen können in mehrere Menschen verliebt sein und parallel intensive Beziehungen führen. Aber in der Regel wächst das Bedürfnis nach

Bestätigung durch eine sexuelle Eroberung, wenn sich Partner erotisch nicht wahrgenommen und anerkannt fühlen.

»Unbegründete« Eifersucht oder Eifersuchtswahn nennen wir jene Formen, die in der Psyche eines Partners wurzeln, dem sein Gegenüber »keinen Grund gibt«.

Der 28-jährige Rudolf kommt in Behandlung, weil er fürchtet, dass ihn seine 25-jährige Freundin Carla verlässt. Sie erträgt seine Eifersucht nicht mehr, sie will nicht einsehen, dass sie ihn dazu veranlasst und ständig quält. Rudolf ist überzeugt, dass Carla jede Gelegenheit nutzt, um mit fremden Männern »heiße« Blicke zu tauschen – mit dem Kellner im Lokal, mit einem Mann am Nebentisch, mit einem Tanzpartner. Carla hingegen behauptet, sie sei nur höflich.

In solchen Fällen kann es um verborgene Homosexualität gehen. Dann ist es eigentlich Rudolf, der den Männern heiße Blicke zuwirft. Oder aber eine im eigenen Inneren unterdrückte Sehnsucht nach Verliebtheit wird in Begegnungen außerhalb der Beziehung projiziert. Rudolfs bewusstes Ich erlebt sich als Wächter und findet in sich keinerlei Tendenz zu jenem Fremdgehen, das aufgrund winzigster Signale dem Gegenüber mit größter Sicherheit unterstellt wird.

Edwin und Alba sind seit zehn Jahren zusammen und haben zwei Kinder im Schulalter. Edwin ist seit der Geburt des jüngsten Kindes unzufrieden; er findet, dass Alba zu wenig Zeit für ihre gemeinsame Erotik hat, oft Ausreden gebraucht und ihn insgesamt viel zu wenig für das komfortable Leben in einem von ihm finanzierten Haus und seine intensive Beteiligung an der Betreuung der Kinder anerkennt. Alba hat ihn einmal drastisch zurückgewiesen (»Geh doch zu einer Nutte, wenn du das unbedingt haben musst!«). Dieser Satz geht Edwin nicht aus dem Kopf, obwohl er – groß, kräftig, durchtrainiert, beruflich erfolgreich – gar nicht ängstlich oder schüchtern wirkt.

Alba kehrt nach dem Schuleintritt des jüngeren Kindes in ihre Berufstätigkeit zurück. Sie findet eine Stelle, die ihr zusagt. Sie blüht auf, hat auch wieder mehr Lust auf Sex – und Edwin entwickelt einen Eifersuchtswahn. Dieser richtet sich auf einen gemeinsamen Freund, der sich mit Alba auf einer Einladung intensiv unterhalten und sie zum Abschied geküsst hat – »voll auf den Mund« (sagt Edwin), »ganz normal auf die Backe« (sagt Alba).

Freud hat wahnhafte Eifersucht mit unterdrückten eigenen Wünschen des Eifersüchtigen verbunden. Diese Deutung liegt auch in dem Geschehen zwischen Alba und Edwin nahe. In Edwins Eifersuchtsfantasien mischen sich Verlustangst und Sexualwunsch. Edwin war zu Beginn der Beziehung dominant: älter, beruflich erfolgreicher, besser ausgebildet. Er tut sich schwer damit, diese Dominanz aufzugeben.

Daher bringt er es auch nicht über sich, mit Alba über seine Ängste zu sprechen. Ihn verfolgt die Fantasie, dass dadurch gerade das geschehen würde, was er um jeden Preis verhindern will und was er gleichzeitig als schon längst im Gang fantasiert: Alba denkt nur daran, wie sie ihren Liebhaber möglichst oft treffen kann; sie tut es so raffiniert, dass er ihr einfach nichts beweisen kann; im

Aussprechen seines Verdachtes würde er sie noch tiefer in Verheimlichung und Verleugnung treiben.

Edwin erinnert sich an viele Szenen, in denen Alba ihn kritisiert hat; daher fällt es ihm auch so schwer, über seine Ängste zu sprechen. Gleichzeitig wird nur indirekt deutlich, dass er sich seiner nicht weniger heftigen Kritik an Alba schämt. Er scheut sich, ihr zu sagen, wie er sie verdächtigt, ein perverses Doppelleben zu führen.

Um in so verfahrenen Situationen ein Gegenüber unterstützen zu können, ist als erster Schritt eine Entziehungskur vom süßen Gift des Rechthabens nötig. Erst wer sich die eigenen Ängste eingesteht – und damit auch, wie er es vermeidet, etwas zur Lösung beizutragen –, kann einfühlend auf die Ängste der anderen Seite eingehen und über Kränkungen hinweg so viel Vertrauen wiederaufbauen, dass beide Seiten aus den Schützengräben steigen.

Von dem Augenblick an, in dem ein Austausch über die Angst vor weiteren Kränkungen möglich ist, gewinnt die Fragestellung angesichts der Differenz des Begehrens eine neue Qualität. Es geht nicht mehr darum, zu vermeiden und zu drohen, sondern um die existenzielle Frage: Verbinden wir uns wieder, oder geben wir uns frei?

Die Macht der symbiotischen Festlegungen ist unterschiedlich ausgeprägt und entsprechend schwer einzuschätzen. Da wir Beziehungskrisen mit heftigsten Verlustängsten und eifersüchtigen Zerstörungswünschen nur selten begegnen, fällt es auch Erwachsenen schwer, Klischees loszulassen. Ein Zeichen dafür ist der Vergleich von Beziehungen mit Tontöpfen, die »zerbrechen«, in denen die Partner »vor einem Scherbenhaufen stehen«.

Man kann über bewusste Einstellungen zu Eifersucht forschen oder Menschen befragen, ob sie sich eine offene Ehe vorstellen können. Aber diese Antworten sagen nicht voraus, wie sich die betreffenden Personen in existenziellen Konflikten verhalten werden.

Die klinische Erfahrung spricht dafür,

- dass die Komponente kindlicher Abhängigkeit in jeder sexuellen Beziehung eine Rolle spielen kann,
- dass sie oft mit Abwehrmanövern bekämpft wird und
- dass der Behauptung, frei zu sein von Eifersucht, stets skeptisch zu begegnen ist – ebenso wie der entgegengesetzten Behauptung, nach einem Treuebruch sei jede Beziehung für immer zerbrochen und solle beendet werden.

Die Partner glauben, sich gut zu kennen. Sie sind seit Jahren zusammen und wissen doch nicht, wie extrem unterschiedlich sie auf sexuelle Untreue reagieren werden. Man wird doch mal am Wege naschen dürfen, sagt eine Seite. Lüge, Betrug, für immer zerstörtes Vertrauen, sagt die andere.

In einer Novelle Boccaccios muss sich ein Ehemann geschlagen geben, denn er kann nicht sagen, dass ihn seine untreue Ehefrau in ihrem erotischen Entgegenkommen jemals enttäuscht hätte. Nur den Überschuss hat sie weggegeben, der sonst verdorben wäre! Solche Argumente wissen nichts von den symbiotischen Ängsten.

Jägerkulturen gehen sehr pragmatisch mit Erotik um. Es gab bei den Eskimos Traditionen wie die, dem Gast den Liebesakt mit der Frau des Gastgebers anzubieten. Das verändert sich mit dem Eigentum an Herden, mit Land- und Wasserrechten. Diese werden vererbt, das Besitzdenken greift nach den emotionalen Beziehungen und wird in Geboten verankert. Das Land, die Herde, die Frauen der Sippe nebenan sind tabu, es sei denn, es wird ein Vertrag geschlossen.

In den frühen Hirten- und Bauernkulturen entsteht eine neue, die Zukunft prägende religiöse Idee: der Monotheismus und damit die missionierende Religion mit dem »eifersüchtigen Gott«, der sich von den polytheistischen Götterfamilien der Vorzeit unterscheidet. Er tritt einen Siegeszug an, weil er eine Radikalität erzwingt, die der menschlichen Leistungsbereitschaft eine masochistische Komponente hinzufügt. Es geht jetzt darum, sich zu opfern, alles zu tun, um den richtigen Weg zu finden und andere auf ihn zu bringen.

Wo Gott eifersüchtig ist, werden es auch die Menschen. Die geistigen Anstrengungen, das unablässige Bemühen, die alles andere in den Hintergrund zwingende Radikalität der Eifersucht entfalten ihre Kraft aus dem Bemühen, sich gleichzeitig von einem enttäuschenden, entwerteten Objekt zu befreien, es in seinen früheren Glanz zurückzuversetzen – und es um keinen Preis zu verlieren.

Ein erstes, eher harmloses Beispiel:

Rita hat ihr Smartphone auf dem Tisch liegen lassen, als sie im Restaurant zur Toilette ging. Ihr Freund Harry hat herausfinden wollen, ob das WLAN im Lokal noch funktioniert. So ist er an ihre Mails geraten und hat eine Nachricht von Ritas früherem Freund gefunden, die ihm verdächtig scheint, weil Rita stets sagt, die Beziehung sei beendet. Er ist gerade dabei, die Suchfunktion zu nutzen, um die Korrespondenz zu verfolgen, als Rita zurückkommt und ihr Handy wiederhaben will. Harry hält es fest und will erst klären, was da hinter seinem Rücken passiert. Erst als ihn Rita anschreit und die anderen Gäste aufmerksam werden, lässt er los. Auf der Heimfahrt gibt es eine heftige Debatte. Harry besteht darauf, dass ihm Rita ihr Handy gibt oder doch wenigstens den Mailwechsel weiterleitet. Rita findet das übergriffig, überlegt aber doch nachzugeben, da sie ja nichts zu verbergen hat.

Wenn ein tückischer Liebesgott nach einer Erfindung gesucht hätte, die auf Eifersucht wirkt wie Kunstdünger auf die Getreidesaat, dann wäre das Smartphone das Ergebnis. Die Möglichkeit, einen Austausch lückenlos mit Zeit, Datum und Inhalt zu dokumentieren, die schier unerschöpfliche Kapazität, auch die belangloseste Botschaft zu speichern, die Aufzeichnung intimster Bilder liefern unerschöpfliches Material.

Zum Coaching des Eifersüchtigen gehört es, ihm den Neid auf die Liebe, die jemand anderer bekommt, nicht wegbeweisen zu wollen, ebenso wenig wie seine Angst vor dem Verlust. Wer Eifersüchtige darin unterstützen möchte, ihre Verlustängste zu überwinden, muss sich ihrem Kontrollanspruch widersetzen. Es ist ungehörig, einem Eifersüchtigen Einblick in die eigene Korrespondenz zu geben. Er wird dann in seiner kindlichen Fantasie bestärkt, er habe ein Recht auf Informationen, die ihn nichts angehen. Ebenso ungehörig ist es, wenn der Eifersüchtige zum Richter und Polizisten in einem wird, Durchsuchungen anordnet und auch gleich vollzieht – und dann seinen Übergriff für gerechtfertigt hält, weil er etwas gefunden hat, was ihm vorenthalten wurde.

Eifersuchtskonflikte werden verschärft, wenn der Eifersüchtige auf dem Irrweg unterstützt wird, ein Höchstmaß an Kontrolle über das Gegenüber sei auch der sicherste Schutz vor Betrug. Dadurch verwandelt sich Liebe in ein Machtspiel. Ein unterwürfiger, ängstlicher Partner, der sich der Kontrollwut der Eifersucht unterwirft, verliert in dieser Unterwerfung auch die Fähigkeit, ein eifersüchtiges Gegenüber in seinem Selbstgefühl zu stärken, liebenswert zu sein. Kontrolle und Unterwerfung verwandeln Liebe in Gleichgültigkeit, Gehorsam oder Hass; sie führen in eine Sackgasse.

Sobald einfache Aussagen nicht genügen, etwa: »Ich liebe dich und will bei dir bleiben!«, sondern darüber hinaus gefordert wird, dass Unschuld bewiesen und Schuldvorwürfe widerlegt werden, ist die Beziehung vom Kurs abgekommen. In dem Versuch, eine verlorene Sicherheit wiederzufinden, steuert ein von seinem Partner bedenkenlos mit Informationen versorgtes Gegenüber die Beziehung in immer gefährlichere Gebiete.

Wer Eifersüchtige beruhigen und unterstützen will, steht vor einer ähnlich schwierigen Aufgabe wie der Rettungsschwimmer. Zu dessen Professionalität gehört es, dem Ertrinkenden notfalls energisch wehzutun, um zu verhindern, dass dieser ihn würgt und am Ende beide untergehen.

Bernd ist ein bald 60-jähriger, gut aussehender Arzt, der im Zuge einer dramatischen Scheidung und einer Anzeige wegen Betrugs seine Kassenzulassung verloren hat und gegenwärtig versucht, nach einer Privatinsolvenz beruflich neu Fuß zu fassen. Seine Ehefrau Johanna arbeitet als Anwältin; sie ist beruflich sehr erfolgreich, hatte aber »nur Pech« mit ihren Beziehungen. Sie ist kinderlos, während Bernd aus zwei Ehen vier Kinder hat. Bernd war Johannas Mandant. Er hat ihr nach dem Scheidungsurteil seine Liebe gestanden. Obwohl Johanna erkannte, wie viel Bernd zu seiner beruflichen und privaten Katastrophe beigetragen hatte, ließ sie sich auf sein Werben ein.

Nach einigen Jahren kommt es vermehrt zu Szenen. Johanna wird immer eifersüchtiger. Bernd behauptet, er sei nur freundlich und höflich zu den Mitarbeiterinnen in der Praxisgemeinschaft, in die er eingetreten ist. Johanna kontrolliert seine Mails und entdeckt einen flirtenden Ton gegenüber einer Praktikantin. Bernd wirft ihr vor, zu spionieren. Er betont, es sei nichts Erotisches, er sei absolut treu, er genieße es aber, wenn er auch einmal der Gebende in einer Beziehung sei und eine Frau ihn brauche.

Bernd erlebt Johanna als starke Persönlichkeit. Gegen ihre Dominanz hat er keine Chance. Er glaubt, dass der Dämpfer, den Johanna durch ihre »unbegründete« Eifersucht abkriegt, genau die Richtige trifft – sonst wäre sie ja perfekt und allen überlegen. Und während er damit beschäftigt ist, sie mit ihren Kontrollzwängen und Vorwurfsszenarien ins Leere laufen zu lassen, übersieht Bernd, wie viel er dazu beiträgt, dass Johanna nicht nur unglücklich ist, sondern auch davon überzeugt, ihr Unglück liege in Bernds Interesse für jüngere, hilflose Frauen.

Es gehört zu den Paradoxien des Liebeslebens, dass »starke« Frauen und Männer die »schwachen« Rivalen um Amors Gunst zugleich beneiden und verachten. Johanna würde es als absolute Fehlbesetzung empfinden, wenn sie die Rolle des Praktikantinnen-Lämmchens einnehmen sollte. Aber sie träumt davon, genau die Zuwendung zu bekommen, die Lämmchen finden, nicht aber ausgewachsene Wölfinnen, die es mit jedem Wolf aufnehmen. Wenn sie Bernds »Liebe« zu seinem Lämmchen mit Feuer und Schwert verfolgt, kann sie beides haben: Sie hat teil an der Szene, nach der sie sich insgeheim sehnt – aber sie muss nicht Lämmchen sein, sondern dominiert über einen verräterischen Wolf.

Eifersucht lässt sich nicht durch Nachgiebigkeit gegenüber dem Stochern und Suchen im Negativen bewältigen: Auf diesem Weg geraten Eifersüchtige ebenso wie das von ihnen verfolgte und kontrollierte Gegenüber immer tiefer in ein Geschehen, das ihr Selbstgefühl belastet und ihr Vertrauen in ihre Liebenswürdigkeit und Liebesfähigkeit schwächt. Nur dieses Vertrauen ebnet den Weg aus der Eifersucht heraus. Die zentrale Aufgabe gegenüber dem eifersüchtigen Partner liegt darin, mit ihm zusammen Wege zu finden, die Forderung nach der bewiesenen Liebe durch den Glauben an die vorhandene zu ersetzen.

Die Adoleszenz der Kinder: Das Coaching des enttäuschten Partners

Paul und Amalie waren glückliche Eltern, solange ihr Sohn Lars zu Hause lebte. Amalie hängt sehr an Lars. Zu sehr, findet Paul. Er erinnert sich an seine eigene Kindheit und denkt, er hätte nicht ein Zehntel dessen mit seiner Mutter besprochen, worüber sich Lars und Amalie austauschen. Nach dem Abitur zieht Paul aus. Nach einigen Monaten an der Uni reagiert er auf die Anrufe seiner Mutter mürrisch und bittet sie, ihn in Ruhe zu lassen: Er sei kein Kind mehr, er werde an Weihnachten schon heimkommen und ihr alles sagen, was sie wissen müsse. Amalie ist verstört: Bis Weihnachten sind es sechs Monate! Sie verliert den Appetit und kommt morgens nicht aus dem Bett. Paul bringt Amalie Blumen mit, küsst sie, sagt, sie habe doch ihn, er habe sich schon lange auf eine neue Zweisamkeit gefreut. »Ich habe dafür jetzt keinen Kopf«, sagt Amalie. »Was habe ich nur falsch gemacht, dass Lars so ruppig ist?« Paul ist enttäuscht – zählt er denn gar nicht?

Was Menschen als Verlust einer Beziehung erleben und wie intensiv sie darauf reagieren, das kann unterschiedlicher kaum sein. Amalie erlebt einen Kontaktabbruch, Paul findet es ganz normal, dass Lars nicht mehr so viel wie bisher mit den Eltern reden will. Er ist überzeugt, dass Lars schon seinen Weg machen wird und sich an ihn wendet, wenn er etwas braucht. Und wenn er sich nicht an ihn wendet – auch gut.

Pauls Kränkung, dass er Amalie nicht »trösten« kann, wird in eine gefährliche Richtung führen, wenn Paul nicht erkennt, dass die von ihm beabsichtigte Form von Trost darauf hinausläuft, die Differenz zwischen ihm und Amalie einzuebnen. Auf diesem Weg wird sich Amalie eher als missverstanden und jetzt auch noch als durch Paul bedrückt erleben.

Um mit einem depressiven Partner umzugehen, ist es wichtig, etwas mehr über die neue »Volkskrankheit« zu erfahren. Wer *ein wenig* depressiv ist, der weiß meist, woran es liegt. Er spricht darüber. Sein Chef ist unfreundlich, die Examensnote mies, die Freundin macht einem anderen schöne Augen. Wer *sehr* depressiv ist, hat dagegen häufig keine Ahnung, woran es liegt. Seine Ehe ist in Ordnung. Andere haben viel schlimmere Vorgesetzte. Das Haus ist beinahe abbezahlt. Nur in ihm selbst ist diese Qual, dieser Energiemangel, diese Freudlosigkeit, die alle Ablenkungen zerfallen lassen und die Sinnlosigkeit seiner Existenz blanklegen wie zum Kurzschluss einladende Drähte.

Es ist tröstlich, zu glauben, dass diese schwere, unerklärliche Depression »organisch« sei und jede weitere Seelenmühe entbehrlich, zu der die Betroffenen doch schon ohnehin im Übermaß neigen.

Dem stimmt der Therapeut zu und kann es doch nicht lassen, sich weiter mit der Frage zu beschäftigen, warum in der Leistungsgesellschaft so viele Menschen depressiv werden. Der Depressive spart sein Leben für eine spätere Ernte, die ihm aber nicht reift. Wenn er das nicht mehr so gut verdrängen kann wie bisher, bricht die Krankheit aus.

Er fügt sich, er arbeitet, er nimmt Rücksicht, er verbreitet den Schein von Uneigennützigkeit, er ist korrekt – wie ein Bauer, der es sich verbietet, das Saatgetreide zu verspeisen. Die Wut, die vielleicht einmal die Eltern traf, wird unschädlich gemacht, indem sie sich gegen das eigene Ich richtet. Der Depressive hat alles unter Kontrolle, weil er sich gut fügen kann, er bändigt seine Angst, verlassen zu werden, aber da er seine Wünsche im Übermaß opfert, weiß er am Ende nicht mehr, warum sich die Plackerei lohnen soll, und kann nicht einmal jammern, denn er ist selbst schuld und es ist ihm nichts anderes eingefallen.

So zahlt der Mensch mit der Depression für die große Sicherheit der Städte und der Getreidespeicher. Er hat gelernt, dass er durch Anpassung etwas dafür tun kann und muss, dass er in dieser Sicherheit bleiben kann; er trifft auf Eltern, die ihn zwingen oder ihm Vorbild darin sind, die Aggression gegen sich selbst zu richten.

Jägerinnen schlagen ihre Kinder nicht, denn das würde – so sagen sie – diese mutlos und ungeschickt machen. Seit es agrarische Kulturen gibt, werden Kinder geschlagen und entwertet, wenn sie nicht so sind, wie sie sein müssen. In der Bibel, im Buch Jesus Sirach, steht: Zerschlage seine Rippen, solange er noch klein ist, damit er dir später keinen Kummer macht. Also können wir die Depression auch eine biblische Krankheit nennen. Sie ist der Kummer, der eben durch die Mittel geschaffen wird, die ihn vermeiden sollen.

Wenn in der Moderne Kinder nicht mehr geschlagen werden, ist die Situation für sie kaum besser. Während früher der Druck anwuchs und sich in Schlägen entlud, erzeugt das Verbot zu schlagen nicht Einfühlung, Zuwendung und Interesse, denn nach wie vor sollen doch die Eltern (und nicht die große Natur) die Verantwortung dafür tragen, dass aus ihren Kindern »etwas wird«. Überforderte Eltern ziehen sich von ihren Kindern zurück, verwöhnen sie materiell, verweigern den Dialog. So wächst die Angst vor Liebesverlust.

Die Depression ist der Zustand, in dem ein Mensch unter der Normenlast gequetscht und gelähmt ist, ohne zu wissen, was mit ihm geschah. Er hat unsichtbare Speicher gefüllt und ist selbst leer geworden, er hat den Wunsch, um sich zu schlagen oder davonzulaufen, so gut unterdrückt wie den, alles hinter sich zu lassen und anderswo ganz neu zu beginnen. So ist ihm, während er einen großen Vorrat an Sicherheit anlegen konnte, das Leben abhandengekommen.

Depressive klagen häufig über ein Gefühl, dass »alles sinnlos ist«. Sie erleben ihren Zustand als Sinn-Erwartung: Es sollte etwas von außen kommen, das den Sinn zurückbringt. In der Ehe von Paul und Amalie ist es der Sohn, dessen Weigerung, so oft wie bisher mit der Mutter zu sprechen, von dieser als Totalverlust erlebt wird. Sie hat den größten Teil dessen eingebüßt, was sie in den letzten 18 Jahren, seit der Geburt ihres Kindes, von dieser Sinn-Frage abgelenkt hat. Vorher waren ihre Ausbildung zur Erzieherin und ihre Suche nach einem passenden Partner diese Ablenkungen, und noch früher die Unzuträglichkeiten ihres Elternhauses, in dem Vater und Mutter über Geld stritten und die Mutter ständig die Zeit im Munde führte, als ihre Eltern noch lebten und sie im Sudetenland ein Leben führte, das viel besser gewesen sei als die Plackerei mit Kindern, Haushalt und einem geizigen Mann.

Amalie ist also kein Ding aus der Tasche gefallen, das man Lebenssinn nennen könnte – *sie hat nur die Situation verloren, die ihr die Frage nach dem Sinn bisher erspart hat*, weil sie Aufgaben und Ziele hatte, die sie in Bewegung setzten und davor bewahrten, trübsinnig dazusitzen und auf das Wiederauftauchen des verlorenen Sinnes zu hoffen, zu warten und am Ende ohne Hoffnung einfach weiterzuwarten.

Paul hat sich besser versorgen können, er treibt Sport, hat einige Kumpels, die ihn anrufen und einladen, mit ihnen zu trainieren, seine Berufstätigkeit versorgt ihn mit Ablenkungen, er rechnet sich gerade Chancen auf eine Beförderung aus.

Die Versuchung für Paul: Er verschreibt Amalie seine eigenen Lösungen und vertieft dadurch ihr Gefühl, versagt zu haben, weil sie Lars so viel wichtiger hat werden lassen als ihn. Sie weiß ja längst: Lars dankt es ihr nicht, dass er so wichtig ist für sie, es bedrückt ihn. Sie hätte es ja selbst gerne anders, aber wie soll sie das machen? Lars dankt ihr ihre Sorgen nicht, er scheint mit Paul entspannter umzugehen als mit ihr. Amalie weiß auch, dass sie nicht so gut vorgesorgt hat wie Paul. Sie hat sich nicht um ihren Beruf gekümmert, das Kind war ihr wichtiger.

Die wenig tröstliche Botschaft im Kontaktfeld mit Depressiven lässt sich auf einen Spruch zuspitzen, den ich zuerst auf einem großen Teller im Haushalt meiner Großmutter gelesen habe: *Wie man's macht, ist's falsch.* Ohne sich einzufühlen, erreicht man den Kern des Depressiven nicht; fühlt man sich aber ein, kann die Depression auch den Helfer erfassen. Dann lässt er sich ebenfalls die Stimmung verderben und sitzt am Ende gleichgestimmt (und nutzlos für diesen) neben dem Depressiven in dessen Grube.

Wer sich nach Kräften gegen diese Gefahr wehrt, erscheint anderen und womöglich auch sich selbst als dickfellig, als kalter Grobian. Tröstende Nähe wird abgewiesen – gibt es denn etwas Oberflächlicheres, als es sich gut gehen zu lassen?! Sachlicher Abstand vertieft die Resignation. Niemand liebt mich, niemandem bin ich wichtig, habe ich es nicht schon immer gewusst? Ablenkungen werden ebenfalls abgewiesen: Dazu ist die Stimmung zu schlecht, lieber abwarten, bis es besser wird. Aber ist nicht schon längst genug, ja viel zu viel gewartet worden, bis die Depression von sich aus »heilt«?

Paul kann Amalies Depression nicht verschwinden lassen, indem er ihr quasi seine gute Stimmung wie eine Blutkonserve transfundiert. Er muss darauf achten, dass *ihm* diese Stimmung nicht verloren geht – was dann geschehen kann, wenn er sie vom Erfolg seiner Aufheiterungsbemühungen abhängig macht und Amalie nicht rechtzeitig loslässt, um sich selbst zu regenerieren. Gleichzeitig muss er der Versuchung widerstehen, aufzugeben, trotzig zu werden: *Bleib doch in deinem Zustand sitzen, bis du dich selbst wieder aufraffen kannst.*

Je weniger Paul sich auf das Unternehmen einlässt, den verlorenen Lebenssinn Amalies wiederzufinden oder ihr einzureden, dass sie diesen doch gar nicht *wirklich* verloren hat, sondern nur *denkt*, sie habe ihn verloren, desto weniger Kraft wird er verschwenden. Es geht nicht um den großen Sinn, sondern um die kleinen Erleichterungen und liebevollen Ablenkungen.

Paul sollte nicht vorwurfsvoll an die Zeit erinnern, als ihre Beziehung noch jung war und sie in ihr gemeinsames Leben fanden, sondern sich selbst dorthin zurückversetzen und herauszufinden versuchen, welche gemeinsamen Wünsche übrig geblieben sind. Sie wurden nicht weiterverfolgt, weil sich Amalies Schwangerschaft dazwischendrängte und Lars sie mehr beschäftigte als alles andere, was sie daneben noch hätten zusammen machen können.

Solange sie die guten Eltern waren, die Amalie sich stets gewünscht hatte, war Paul ein geschätzter Teil in einem Ganzen, das er nie so intensiv erlebt hat wie Amalie. Wenn er sich jetzt angesichts ihrer Depression beklagt, er zähle anscheinend überhaupt nicht mehr, sieht er sich nicht als Teil von Amalies Familienvorstellung, die sich dramatisch verändert hat, sondern zerrt an Amalie, dass sie so wenig Teil *seiner* Familienvorstellung ist, in der eigentlich alles gleich geblieben ist.

Wie unterschiedlich ihre Vorstellungen von Familie, von Liebe und von Partnerschaft geworden waren, haben Paul und Amalie nicht wahrgenommen, solange Amalie mit Lars beschäftigt war. Jetzt geht es darum, neu zu verhandeln und wieder ein gemeinsames Bild zu finden, das Amalie ebenso gerecht wird wie Paul.

Dieses Ziel wird aber nicht durch Debatten über Wertvorstellungen und Sinnhaftigkeit erreicht, sondern durch Taten – neue gemeinsame Beschäftigungen, Reisen, Aufgaben. Indem sich Paul an das erinnert, was ihn mit Amalie verband, ehe Lars alle Bindungen ersetzte, kann er auch neue Ziele für die Partnerschaft finden und Amalie einladen, ihn auf dem Weg zu diesen zu begleiten. Einfach ist das nicht, aber der Mühe wert.

Neugier und eine fragende, forschende Haltung können die Entwicklung nicht rückgängig machen, welche depressive Menschen in ihre Sackgasse gelockt hat. Aber es gelingt ihnen vielleicht, Auswege zu finden, die einem festgefahrenen Denken *(sich mehr bemühen, sich zusammenreißen, nicht wehleidig sein, sich nicht gehen lassen)* verschlossen bleiben.

Amalie leidet darunter, dass sie die ganze Zeit nur an

Lars gedacht hat und nicht an sich. Unbewusst hat sie erwartet, dass Lars dann ebenso viel an sie denken wird und ihr auf magische Weise die Kindheit zurückschenkt, die sie selbst nie hatte und die sie ihm beschert hat. Als sie nun erlebt, dass Lars sich weiter und weiter davon entfernt, diese Aufgabe zu erfüllen, fühlt Amalie ihre ganze mütterliche Mühe entwertet und mit ihr sich selbst.

Wenn Paul versteht, dass Amalies Trauer notwendig ist, wenn er respektieren kann, dass sie sich auf Enttäuschungen aus ihrem eigenen Kindheitsschicksal und auf den Versuch bezieht, dieses Schicksal ungeschehen zu machen, kann er sie unterstützen, ohne sich als ihr Mann und Partner entwertet zu fühlen. Er ist für Gespräche, für erotische Aufmerksamkeit, für Hilfe in der Bewältigung des gemeinsamen Alltags zuständig. Aber er kann Amalie weder andere Eltern noch einen anderen Sohn verschaffen.

Er kann aber betonen, dass weder Lars noch Amalie Versager oder schlechte Menschen sind, wenn sie sich für kürzere oder längere Zeit meiden. Amalie ist in ihrem Seelenzustand beides: verlassenes Kind und erwachsene Frau. Das innere Thema des verlassenen Kindes konnte sie durch ihre Mutterrolle ausgleichen und wird nun, weil sich Lars von ihr distanziert hat, mit einer Heftigkeit von ihm heimgesucht, die sie gar nicht ahnen konnte; denn bisher hatte sie immer Zukunftshoffnungen, mit deren Hilfe sie solche Abgründe füllen oder überbrücken konnte.

Die Geste eines ernsthaften Umgangs mit Depressionen eines Gegenübers lässt sich so fassen: Es ist schlimm, was passiert ist, ich verstehe das. Wir können es nicht ungeschehen machen, so gerne wir das auch wollen und so wütend wir auch sein mögen, dass es geschehen ist. Uns bleibt neben der berechtigten und sinnvollen Trauer über den Verlust nur der Blick auf das, was wir uns erhalten haben und was noch vor uns liegt.

Wir haben das Paradies verloren, aber erinnern wir uns doch an die Geschichte von den Bremer Stadtmusikanten: Etwas Besseres als den Tod finden wir überall! Machen wir uns also, ob zahnloser Hund, siegloser Hahn, kraftlose Katze oder lahmer Esel, auf den Weg, auch wenn es erst einmal nur kleine Schritte sind.

Große Kinder, große Sorgen?

Es gibt kaum einen dümmeren Spruch als den über die Sorgen, die quasi mitwachsen. Normalerweise nehmen die Sorgen ab, die sich Eltern über Kinder machen müssen. Die Kinder lernen sprechen – ich muss mir keine Sorgen mehr machen, ob ich herausfinde, was nicht stimmt. Sie lernen gehen – ich muss sie nicht mehr tragen. Sie werden selbstständiger – ich muss keinen Babysitter mehr organisieren.

Wenn die Sorgen mit den Kindern wachsen, wird die kindliche Autonomie nicht als Entlastung der Eltern, sondern als Gefahrenquelle eingeschätzt. In München wurde vor einigen Jahren eine Frau angezeigt und festgenommen, weil sie bei Minusgraden ein Kleinkind, das nur mit einem dünnen Hemdchen bekleidet war, auf ihrem Fahrrad transportierte. Die Kinderquälerin entpuppte sich als verzweifelte Mutter, die ihre Tochter nicht überzeugen konnte, das Nachthemd gegen warme Kleider zu tauschen. Sie hatte einen dringenden Termin und wollte das Problem in den Hort verlagern.

Das kleine Mädchen im Nachthemd hat nicht das Gefühl finden können, dass es etwas der Mutter zuliebe tun kann. Es fühlt sich in seinem Trotz und seiner Besserwisserei von der Mutter abgeschnitten; umgekehrt hat sich auch diese in der Krise ihres mütterlichen Selbstgefühls von dem Kind zurückgezogen. Wir können nicht ausschließen, dass von solchen Szenen unsichtbare Narben zurückbleiben.

Wer in Gruppen lebende Tiere beobachtet, entdeckt durchweg, dass Erwachsene wie Erwachsene behandelt werden und Kinder wie Kinder. Es gibt unter ihnen keine erwachsenen Kinder. Auf dem Pavianfelsen im Zoo wird sichtbar, wie zärtlich Säuglinge und schutzbedürftige Jungtiere behandelt werden und wie rau der Nachwuchs im Grenzgebiet zwischen Jugend und reifem Alter in den Zustand hineingeschubst wird, in den er gehört. Wer sich selber versorgen, selber wehren *kann*, der *muss* es auch tun. Auf etwaige Wünsche, noch ein wenig in mütterlicher Nähe und Versorgung abzuhängen, wird keine Rücksicht genommen.

Wenn Psychoanalytiker vom großen Wert der »optimalen Frustration« für die Entwicklung menschlicher Autonomie sprechen, reden sie einer Rückkehr zu diesem Ur-Modus der Wirbeltiere das Wort: Der unselbstständige Nachwuchs soll versorgt werden; der selbstständige muss für sich selbst sorgen.

Die menschlichen Gesellschaften sind so komplex geworden, dass die Kinder abhängig bleiben, auch wenn sie bereits autonom sein können. Mit durchschnittlich 14 Jahren erreicht der menschliche Organismus seine höchste körperliche und geistige Leistungsfähigkeit, gemessen etwa an der Testintelligenz oder an der Schnelligkeit des Erlernens komplexer psychomotorischer Fähigkeiten. In diesem Alter leben die meisten jungen Menschen noch wirtschaftlich abhängig im Haushalt der Eltern. Sie sind jetzt große Kinder. Mit 18 Jahren sind sie dann juristisch erwachsen und verantwortlich für das, was sie entscheiden. Wirtschaftlich autonom sind sie vielfach noch nicht. Zu den Aufgaben, die daraus erwachsen, hier eine Fallgeschichte.

Gerrit und ihr Ehemann Naim führen ein Kinderheim. Gerrit hat die pädagogische Leitung, Naim die kaufmännische. Sie haben zwei Söhne und zwei Töchter. Das Sorgenkind ist der älteste Sohn Berkan. Er hat als 14-Jähriger begonnen, Drogen zu nehmen, hatte große Schulschwierigkeiten, kam in verschiedene Internate und schaffte mit 22 knapp das Abitur. Gerrit hat große Sorgen, dass Berkans Drogenkonsum in dem Heim bekannt werden könnte und dessen Ruf darunter leidet.

Gerrit ist überzeugt, dass Berkan hochbegabt ist. Sie stellt sich in seinen Schulkonflikten meist auf seine Seite und sucht nach einem neuen, besseren Internat. Naim ist dafür, strenger zu sein, nicht Internate zu suchen, sondern Berkan in eine Lehre zu geben. Wenn er sich das Geld für Haschisch, Kokain und Alkohol selbst verdienen muss, wird er schon zur Besinnung kommen!

Während Gerrit behütet als Tochter des inzwischen verstorbenen Gründers des Kinderheims aufgewachsen ist, hat sich Naim als Sohn türkischer Migranten sein Studium durch Arbeit in einer Großbäckerei verdient. Er ist oft über die Passivität seines Erstgeborenen schockiert. Gerrit hat

Berkan während ihres Studiums durch eine Tagesmutter betreuen lassen. Sie ist überzeugt, dass Berkan wegen dieser Traumatisierung drogenabhängig geworden ist, und fühlt sich zutiefst in der Pflicht, für ihn zu sorgen und ihm jedes Mal Glauben zu schenken, wenn er wieder Notsituationen schildert, in denen er sofort Geld braucht.

Die Ängste Gerrits kulminieren, als Berkan nach einem Selbstmordversuch in eine psychiatrische Klinik kommt. »Ich wollte euch weiteren Ärger ersparen!«, sagt Berkan, als die erschütterten Eltern ihn auf der Intensivstation besuchen. Er hatte in einer Diskothek eine Packung Schlaftabletten mit einer Flasche Gin hinuntergespült und war auf der Toilette zusammengebrochen.

Gerrit konsultiert einen Therapeuten, möchte eine Zusage, dass er Berkan heilen wird. Der Therapeut schlägt einen Drogenentzug in einer geschlossenen Einrichtung vor. Gerrit findet das unzumutbar. Das wäre genauso wie der große Fehler seinerzeit, Berkan in ein Internat abzuschieben. Sie konsultiert noch mehrere andere Therapeuten, findet aber keinen, der ihr gefällt. Die Beziehung zu Naim verschlechtert sich zusehends. Gerrit wirft ihm vor, sich zu wenig um Berkan gekümmert zu haben. Es reiche doch nicht, dem Jungen zu sagen, er könne tun, was er wolle, solange er sich nicht zudröhne. Naim sei kein Vorbild gewesen. Er habe sich hinter seiner Rolle als Migrant verschanzt und Berkan Schauergeschichten erzählt über das Unrecht, das die Kurden in der Osttürkei erleiden.

Naim ist ein großer, kompakter Mann mit dichtem Vollbart. In den Paargesprächen stellt er sich als gutmütigen, dienstbaren Verwalter des Imperiums seiner Frau dar. Gerrit oszilliert zwischen Übermutter und Hilflosigkeit. Sie fühlt sich gänzlich überfordert, kann aber kaum etwas aus der Hand geben, was mit Berkans Leben zu tun hat. Gegenüber den Fachleuten, die sich mit Berkan befassen, ist sie die kritische Pädagogin, die über den Schaden psychiatrischer Etikettierungen Bescheid weiß.

Die Berater waren sich einig, dass Berkan erst dann eine Chance hat, genügend Motivation für einen Entzug zu entwickeln, wenn die Eltern strikte Grenzen ziehen. »Ich würde es ja machen«, sagt Naim. »Ich sehe das ein. Aber meine Frau lässt mir dann keine ruhige Minute. Dann gebe ich nach, ich sage: Auf deine Verantwortung, du bist die Diplom-Pädagogin, du weißt, was du tust.«

Väter und Mütter werden nur von kleinen Kindern durch Bewunderung verwöhnt. Für pubertierenden Nachwuchs sind Eltern zwar nach wie vor unentbehrlich. Sie werden aber nicht mehr wie Götter behandelt, sondern eher wie Nutzvieh. Insofern ist es prophetisch, wenn sich in bayerischen Krippen nicht allein Maria und Josef um das Jesuskind kümmern, sondern im Hintergrund Ochs und Esel darauf warten, die Last zu tragen.

Wenn sich zwischen den Eltern die Fähigkeit erhalten hat, einander mit Bewunderung und Anerkennung zu versorgen, werden sie sich die gute Laune erhalten, die muffige, abweisende Pubertierende sonst durchaus verderben können. Vor allem entgehen solche Eltern der Gefahr, dass ein Kind zum Ersatz für einen Partner wird, der als kalt und abweisend erlebt wird.

Heranwachsende mögen cool und abgegrenzt wirken, aber sie haben feine Empfangsorgane für das Unglück und die Bedürftigkeit von Elternteilen, die von ihrem

Gegenüber enttäuscht sind und mit heimlicher Panik dem Augenblick entgegensehen, in dem ihr Kind seiner Wege geht und sie nicht mehr braucht.

Gesetzt, alles geht gut: Die Pubertät ist überstanden, die Kinder sind selbstständig, sind ausgezogen. Sie studieren, sie haben ihre eigenen Freundinnen und Freunde, ihre Wohngemeinschaft. Die Eltern sitzen in einer Wohnung, die sich mit einem Mal verlassen anfühlt. Sie wissen erst einmal nicht, wie sie den leeren Raum füllen sollen. Mehr arbeiten? Ein neues Hobby? Sie müssen sich mit einem Gedanken auseinandersetzen, der sich früher viel schneller in den Alltagssorgen auflöste als jetzt: Will ich mit dem Gegenüber, das den Elternjob mit mir geteilt hat, auch alt werden? Trägt das Band die Zweisamkeit? Oder reißt es wie eine seit Jahrzehnten vernachlässigte Seilbrücke?

Besonders laut wird diese Frage, wenn beide Elternteile schon lange unzufrieden waren und nur angesichts der gemeinsamen Aufgabe stillgehalten haben: Du hast die Familie zwar finanziell versorgt, mich aber emotional alleingelassen! Du hast immer nur an die Kinder gedacht und mein Gehalt ausgegeben – jetzt bin ich dran! Wo es um Geld geht, gibt es Wege, herauszufinden, wer Gläubiger ist und wer Schuldner. In der Liebe sind solche Rechnungen jedoch nicht nur unerfreulich, sondern auch unlösbar.

Es beginnt eine spannende Phase, deren Bedeutung für die Lebensqualität im letzten Drittel des Lebens kaum überschätzt werden kann. Weichen werden gestellt; Fragen kommen auf. Was haben wir uns zu sagen, wenn die Dynamik durch die Kinder wegfällt, die jedes Jahr neue

Probleme haben, neuen Lernstoff in der Schule, ausgefallenere Wünsche zu Weihnachten? Wie lange wollen wir noch arbeiten? Nutzen wir die frei gewordene Kraft für einen neuen Anfang im Beruf, für ein soziales Unternehmen, ein neues Haustier – oder warten wir ab, bis die Enkel kommen?

Viele Fragen, die mehr auf die Umgebung des Paares zielen als auf das Binnenverhältnis. Zu diesem will ich eine These riskieren, die einfach klingt, es aber doch in sich hat: Es geht nach dem Wegfall der Sorge für die Kinder darum, die kindlichen Bedürfnisse des Gegenübers zu entdecken und sich mit diesen zu verbünden. Wer das tun kann, wird einen unerschöpflichen Speicher anzapfen, der im Unbewussten schlummert und nun hilft, die Zukunft zu erfüllen.

Es ist so etwas wie eine Umwertung der Elternwerte, die Preisgabe der Strenge, der lächelnde Abschied von aller Erziehung, die Bereitschaft, sich und andere so zu nehmen, wie sie sind. Es bedeutet, nicht mehr auf Expansion zu setzen, sondern auf Kultur, nicht neu zu bauen, sondern den Bestand zu pflegen und zu verbessern. Die regressiven Wünsche der Liebenden aneinander sind ja nie ganz verschwunden, sie wurden nur von den lärmenden Bedürfnissen der Kinder in den Hintergrund gedrängt.

In jeder Liebesbeziehung ist die unterschiedliche Durchlässigkeit für Regressionen eine Quelle von Differenzen bis hin zu Streitigkeiten. Solange die Kinder in einer Familie alle Regressionen an sich ziehen, können Eltern gar nicht anders, als sich erwachsen zu fühlen und über die Kinder Gespräche zu führen, die sie in dieser Selbsternennung festigen.

Sind die Kinder nicht mehr da, entdecken die Eltern Gegensätze neu, die sie vielleicht zu Beginn ihrer Beziehung schon bemerkt haben. Aber erst übertönte sie die Verliebtheit, dann die Sorge um die Kinder – die ja auch die vielleicht entschiedenste Ablenkung von eigenen Problemen ist, die existiert. Jetzt, angesichts der späten Wiederannäherung und des Aufeinander-Angewiesenseins und verstärkt durch die Tatsache, dass die meisten Menschen sich im Alter nicht ändern, sondern ausgeprägter und ungehemmter das werden, was sich schon immer angedeutet hat, treten Gegensätze an die Oberfläche.

Manchmal wird jetzt deutlich, wie stark die Kinder auch als Schiedsrichter Streit zwischen den Eltern gedämpft, Unzufriedenheit über Schrullen des Partners gemildert haben. Exeltern stehen sich gegenüber wie Boxer im Ring, nachdem Kampfrichter und Publikum nach Hause gegangen sind. Sollen sie sich unfairer prügeln als zuvor? Sollen sie sich achselzuckend trennen? Legen sie einander den Arm um die Schulter und gehen in die Bar gegenüber?

Wer darf regredieren?

Der unterschiedliche Umgang mit Regressionen kann jetzt zum Konflikt, zur manchmal unerträglichen Spannung werden, vor allem dann, wenn diese Phase mit einer anderen zusammenfällt: der Berentung, dem Ausscheiden aus dem Arbeitsleben. Jetzt haben beide Partner Zeit. Beide könnten sich die restliche Arbeit in Wohnung, Haus und Garten, in Buchführung und Urlaubsplanung teilen – oder einer macht es sich auf Kosten des Gegenübers bequem.

Manche Menschen leiden, wenn etwas unordentlich ist; sie fühlen sich nicht wohl, wenn sie einen Raum betreten, in dem viele Dinge nicht an ihrem Platz sind. Andere kennen dieses Gefühl überhaupt nicht, sie gleichen den Jägern und Sammlern der Altsteinzeit. Diese schaffen nicht Ordnung, sie lassen Abfälle liegen und wechseln, wenn sie der Müll stört, einfach das Lager und bauen an einem anderen Ort ein neues – was auch den Vorteil hat, dass dort die Umgebung noch reichere Sammel- und Jagdmöglichkeiten bietet.

Als Eltern haben die Partner über diese Fragen gestritten, sie haben sich geeinigt, mehr oder weniger. Wenn die Bindung zwischen den Eltern liebevoll geblieben ist, können sie unterschiedliche Positionen halten und den Kindern vermitteln, dass Regressionen zwar Nachteile haben, aber nicht so schlimm sind, dass bereits der kleinste Ansatz dazu panische Ängste auslöst, wie das bei Zwangskranken der Fall ist.

In einer Familie hat sich der Vater immer geärgert, dass Mutter und Tochter alle elektrischen Lichter brennen ließen, wenn sie ein Zimmer verließen. »Du hast ja recht«, sagte die Mutter, und vergaß doch wieder die Bewegung der Hand zum Schalter. »Immer nörgelst du an mir herum. Die Mama schimpft mich nie«, klagte die Tochter. Jetzt ist die Tochter ausgezogen. Sie sagt: »Papa, ich fand es immer blöd, wenn du geschimpft hast, weil ich das Licht nicht ausgeschaltet habe. Jetzt tue ich es selber, du weißt ja, die Stromrechnung!«

Der Vater überlegt sich, seine Frau zur Rede zu stellen, als er ein verlassenes Zimmer in Festbeleuchtung vorfindet. »Selbst unsere Tochter hat es jetzt kapiert! Warum kapierst du es immer noch nicht?«

Wenn er klug ist, wird er sich stattdessen still sagen: Meine Liebste hat in diesem Punkt einen Kindskopf. Sie lernt es einfach nicht. Sie weiß ja, dass es besser wäre, das Licht auszuschalten, aber es haftet nicht in ihrem Kopf. Es nutzt nichts, es ihr noch einmal und noch einmal zu sagen. Sie wird wieder versprechen, sich zu ändern, und es nicht tun. Und dann wird sie sich ärgern oder sich schämen, das tut uns nicht gut.

»Wenn ich in die Küche gehe und mir ein Butterbrot mache«, sagt die Ehefrau, »dann sieht nachher die Küche wieder so aus wie vorher. Und wenn du dir ein Brot schmierst, sehe ich genau, was du getan hast: Da liegen Brot, Butter, Buttermesser und Aufstrich noch da, das Brot vertrocknet, die Butter weich, der Käse vergammelt. Kannst du das alles nicht endlich wegräumen?«

»Ja, gleich«, sagt der Mann.

Nach einer Stunde meldet sich die Ehefrau wieder. Die Küche ist immer noch nicht aufgeräumt, ihr Mann ist in die Sportschau versunken, ein Skirennen, da mag er gar nicht gestört werden. »Warum hast du die Küche immer noch nicht ...?«

»Ich sagte doch: *gleich*!«, schreit der Mann. »Als ob die Welt unterginge! Kann ich keine Minute ungestört fernsehen? Nein, ich kann nicht, es ist meine Lieblingssendung, aber ich gehe jetzt und räume auf!«

Er stürzt in die Küche.

»Du hast den Tisch nicht abgewischt und das fettige Messer in die Schublade geworfen«, sagt die Frau eine

Stunde später. »Da mache ich es lieber selber, ehe sich das Fett in der Besteckschublade verteilt.«

»Erstens ist ein Küchenmesser keine Ratte, die in der Schublade herumläuft und alles schmutzig macht. Und zweitens verstehe ich einfach nicht, warum dich das so stört. Ich habe dir zuliebe aufgeräumt, für mich allein würde ich das nie tun. Das Zusammenleben mit jemandem, der so pingelig ist – Stress pur!«

»Das Zusammenleben mit einem Schmutzfinken, dem man hinterherräumen muss, ist auch keine Wohltat!«

»Wenn du nur nie räumen würdest und bessere Laune hättest!«

»Wie soll ich gute Laune haben, wenn du alles liegen lässt und deinen Dreck nicht wegmachst!«

In dem beschriebenen Streit um die Spuren des Butterbrots ängstigt das von dem Mann hinterlassene Chaos die Frau. Sie kann sich das nicht erklären, aber sie fühlt sich unwohl und angespannt. Sie selbst hätte die Utensilien nicht liegen lassen, weil sie sich mit Unordnung nicht wohlfühlt. Sie erinnert sich gar nicht an konkrete Anweisungen von Mutter oder Vater, sie hat deren Prinzip erkannt und übernommen und aus ihm Sicherheit geschöpft, sozusagen ein leises *Alles ist gut*, das einem schrillen *Alles ist schlecht* weicht, wenn sie den Hinterlassenschaften ihres Partners begegnet.

Angesichts der Wahl zwischen der Einfühlung in die Verletzlichkeit eines Gegenübers und der Rolle einer strengen Erzieherin entscheiden sich viele Partner für die Strenge und gegen die Empathie. Die zentrale Möglichkeit für den Menschen, Angst und Wut angesichts enttäuschter Erwartungen an den Liebespartner zu verarbeiten, ist aber die Erinnerung an ein Kind – an ein eigenes Kind oder an das Kind, das ich selbst einmal war. Kinder sind geliebte Fremde, die nicht ängstigen und nicht bedrohen, die Anlass geben, zu nähren, zu schützen, zu pflegen.

In zwei Minuten sind mit einem liebevollen Gedanken an den unverbesserlichen Kindskopf die Spuren des Butterbrots beseitigt und die Küche ist wieder so, wie sie sein soll. Das aus Versehen noch brennende Licht ist noch viel schneller ausgeschaltet. Und alles ist gut.

Gegen Ende seines Essays über das Marionettentheater sagt Heinrich von Kleist, dass wir das Paradies der Kindheit verloren haben. Angekränkelt von einem Übermaß an Bedenken und kritischem Zweifel können wir nicht mehr zurück, denn der Cherub bewacht den Eingang. Gibt es einen Hintereingang, den wir finden, wenn wir um die ganze Erde herumlaufen?

Diesen Eingang gibt es tatsächlich: Es ist der in eine Liebesbeziehung, welche Kinder in die Welt hinaus entlassen hat und nun die Partner in ihrem kindlichen Sein anerkennt und unterstützt – ohne den Anspruch auf neue Früchte vom Baum der Erkenntnis und getragen von dem Wunsch, es solle möglichst lange so weitergehen, wie es jetzt ist.

Die hier skizzierte Aufgabe bereitet auf eine noch schwierigere vor.

Die Vergänglichkeit von Kraft und Schönheit: Coaching und Alter

Das Leben ist ein minutiöser Kampf zwischen Verschleiß und Reparatur. Haare fallen aus – neue wachsen nach. Kraftlosigkeit überfällt den müden Organismus – Schlaf und Nahrung bauen ihn wieder auf. Auf lange Sicht bleibt uns vor allem der Verfall treu, die Möglichkeiten der Reparatur nehmen ab. Solange wir leben, reparieren wir uns auch. Wenn wir pfleglich mit Ressourcen umgehen, können wir uns länger halten als Gleichaltrige, die Raubbau treiben. Aber es bleibt ein Kampf zwischen ungleichen Gegnern.

Die Teile des Organismus altern nicht synchron. Wenn ein Organsystem ausfällt, empört sich das Ich: Diesem Versagen soll ich erliegen, wo doch so vieles andere noch gut funktioniert! Ein Brite soll eine Kutsche erfunden haben, in der alle Teile gleichzeitig kaputtgehen. Damit erübrigt sich dann die Frage: Lohnt es sich noch zu reparieren?

Der Vergleich ist frivol, aber er verdeutlicht ein Problem im Umgang mit Schwächen: eine Art Rebellion der (noch) funktionierenden Teile (beziehungsweise des mit diesen identifizierten Ichs) gegen jene Teile, deren Störung das Ganze gefährdet. Dieses Thema lässt sich auch in Beziehungen beobachten.

Alternde stehen vor der Aufgabe, den Kummer zu verarbeiten, der durch Funktionseinbußen entsteht. Diese Aufgabe ist mit der Bewältigung einer Depression verwandt. Es geht darum, sich darin so zu unterstützen, dass sich weder Resignation ausbreitet noch Einschränkungen verleugnet werden.

Nach einer Prostataoperation kann der 67-jährige Max nur noch mithilfe einer Penispumpe eine Erektion erreichen. Seine gleichaltrige Partnerin Erika möchte ihm diese Prozedur ersparen, sie schlägt vor, ganz zu verzichten, sie seien lange genug miteinander glücklich gewesen. Max entwickelt in der Folge eine Marotte (sagt Erika) oder ein Bedürfnis, Erikas Aussage auf den Grund zu gehen (sagt Max): Sie soll ihm genau erzählen, welche Sexualpraktiken ihr mit ihrem ersten Partner, einem Don-Juan-Typ, so viel bedeutet haben, dass sie trotz dessen Charaktermängeln bei ihm blieb.

Erika hatte mit Max ein Ritual wechselseitiger Bestätigung aufgebaut, das zum Teil auf einer für beide Seiten beglückenden, zärtlichen Sexualität beruhte, zum anderen aber, bisher nicht weiter auffällig, auf der Idealisierung von Max' sexueller Treue, die sich wohltuend von der Untreue und Zügellosigkeit von Erikas erstem Partner unterschied.

Dieser zweite Teil wurde nun zum Problem, weil Erika die Ängste von Max nicht verstanden hatte, die aus seiner Unfähigkeit erwuchsen, das vertraute Ritual wie bisher zu vollziehen. Erika hoffte, Max zu entlasten, indem sie ihm einen gemeinsamen Verzicht anbot.

Jetzt zeigte sich, dass hinter der moralischen Entrüstung, die Max und Erika gegen die Geilheit von Erikas erstem Partner pflegten, eine heimliche Faszination steckte. Die Einschränkungen seiner phallischen Möglichkeiten hatten bei Max Fantasien geweckt, die er Erika unterstellte.

Unterstützung angesichts von Einschränkung und Verlust gelingt, wenn ein Paar schon früher den Verzicht auf bedrückende Forderungen geübt hat – eine Aufgabe, die der Umwandlung von Verliebtheit in eine alltagstaugliche Bindung gleicht. Es geht darum, Erwartungen an einen idealisierten Partner zurückzunehmen, Ängste und Aggressionen zu verarbeiten, die wir verspüren, wenn ein geliebtes Gegenüber nicht die geschuldete Gegenliebe »bringt« oder ein bisher bindendes Ritual aus Gesundheitsgründen nicht mehr möglich ist.

Angst und Enttäuschungsaggression zu zähmen, wenn ein Partner im Alter »versagt«, ist nicht leichter, aber auch nicht schwieriger als diese Aufgabe zu Beginn einer Beziehung. Menschen hören nicht auf, Erwartungen in ihre Umwelt zu projizieren. Sie wollen sich sicher fühlen, und wir fühlen uns nun einmal meistens dann sicher, wenn sich unsere Erwartungen erfüllen.

Was uns daran hindert oder dabei stört, löst Affekte im Sinne von Kampf-Flucht-Reaktionen aus. Wenn wir älter werden, verstimmt uns oft zusätzlich der Eindruck, dass Angst und Ärger ganz und gar nicht einer Altersmilde und Altersweisheit gewichen sind, an deren Existenz die Jugend so gerne glaubt.

Das alternde Nervensystem wird durchlässiger für Erregungen. Es kann diese nicht mehr so gut unter Kontrolle halten, unerwünschte Reize ausblenden, auf erwünschte entsprechend reagieren. Menschen im Alter hören beispielsweise schlechter *und* reagieren empfindlicher auf Lärm. Sie werden langsamer. Es schützt den Organismus, wenn diese Langsamkeit ernst genommen und angenommen wird.

Die wachsende Durchlässigkeit für Affekte hängt damit zusammen, dass die primitiven seelischen Reaktionen auch die widerstandsfähigsten sind. Die höheren geistigen Funktionen bilden sich später und lassen früher nach. 80-Jährige können sich kindischer streiten als 50-Jährige, nicht zuletzt deshalb, weil es ja auch eine persönliche Kränkung ist, dem verinnerlichten Bild von Altersmilde nicht zu entsprechen.

Im Alter eine Rolle zu finden, die möglichst viel Lebensqualität erhält, ist eine Aufgabe, in der Menschen viel Unterstützung brauchen und leider oft nur sehr wenig bekommen. Wo *alt* gedacht wird, wird meist auch *unscharf* und *trüb* gedacht. Der Sportler ist zu alt, der Mitarbeiter lernt die neue Technik nicht, weil er zu alt ist, der alte Patient wird nicht gesund. Der Arzt sagt dem Kranken, er solle sich nicht über seine Schmerzen wundern – das Alter! Ein Röntgenbild zeigt abgenutzte Knorpelschichten. Der Patient verlässt die Praxis in einem elenden Zustand. Aber auf den Straßen bewegen sich noch Ältere mit noch dünneren Knorpelschichten schmerzfrei!

Wenn allerdings ein Partner durch die negativen Beiklänge des Alters verführt wird, das Thema zu leugnen und nach Kräften zu verdrängen, kann ihn sein Gegenüber nicht mehr unterstützen; die Bindung gerät in Gefahr.

»Ich mag nicht, dass du immer alte Leute einlädst, das ist ja wie ein Rentnerzirkel, das langweilt mich total!«

»Aber das sind doch unsere Freunde. Andere haben wir nicht. Und sie sind nur ein paar Jahre älter als wir, das hat dich doch früher auch nicht gestört!«

»Aber ich fühle mich nicht alt. Ich bin fitter als früher!«

»Mag sein, aber nur, weil du jetzt jeden Tag trainierst und keinen Tropfen Alkohol mehr trinkst! Und wenn es dir gefällt, in den Sommerferien mit dem Rad über Pässe zu fahren – ich war früher auch sportlich, aber das ist doch wirklich übertrieben!«

»Du musst ja nicht mitkommen, wenn es dir nicht gefällt!«

»Können wir nicht am Meer Urlaub machen, du kannst ja dein Rad mitnehmen?«

»Das ist doch sterbenslangweilig!«

Klaus und Lissy haben zwei Mädchen großgezogen, die Älteste hat jetzt selbst schon ein Baby. Lissy ist sehr angetan von ihrer Großmutterrolle. Sie arbeitet Teilzeit und wird in einem Jahr in Rente gehen, während Klaus nicht daran denkt, kürzerzutreten, und sein Fitnessprogramm ausgebaut hat.

Lissy sei eine gute Frau, sagt er, es sei auch nicht so, dass er sie nicht mehr liebe – aber er könne neben ihr einfach nicht mehr fröhlich sein, nicht mehr so entspannt wie mit seiner heimlichen Geliebten, die er im Training kennengelernt hat. Sie ist zehn Jahre jünger als Lissy. Wenn sie mit Klaus zusammen ist, möchte sie Sport machen, Spaß haben, so wie er.

Solche Entwicklungen zeigen, dass die Verleugnung eines Problems die Bindung in einem Paar auflösen kann. Klaus und Lissy haben die Differenz nicht verarbeiten können, die mit der Annahme der Großelternrolle durch Lissy und der Verweigerung dieser Rolle durch Klaus entstanden ist.

Die Paaranalyse wird es schwer haben, die Partner auf

ihren getrennten Wegen wieder zusammenzubringen. Sie kann nur Lissy in ihrer Angst auffangen, versagt zu haben, und vielleicht auch Klaus in seinen Schuldgefühlen entlasten, dass er Lissy, die er doch immer noch gern hat und die ihm, wie er sagt, eine gute Frau war, im Stich gelassen hat.

Wenn eine Beziehung eine erste Bindung schafft und diese so festigen kann, dass Kinder in sie hineingeboren werden, heißt das nicht, dass sie auch bestehen bleibt, wenn die Kinder erwachsen sind. Jetzt können sich die Partner ein zweites Mal als Paar finden – oder sie verfehlen sich. Es gelingt ihnen nicht, mit den inzwischen angesammelten Differenzen fertig zu werden.

Klaus hat Lissy schon immer als »stärker« erlebt. Sie war stets im Einklang mit den Normen ihrer Umgebung, überall beliebt, hilfsbereit, patent. Klaus hingegen ist eher unruhig, schnell gelangweilt, selbstkritisch und längst nicht so gut angepasst wie Lissy. Er träumt, seit er als Jugendlicher einmal durchgebrannt ist und zwei Monate am Strand von Kreta in einer Höhle gelebt hat, von einem Aussteigerleben, obwohl er ein Arbeitsleben als Gymnasiallehrer schon fast hinter sich hat. Aber er wird weiterarbeiten, hat schon einen Job in einer Privatschule gefunden – er fühlt sich nicht alt!

Das Modell der *Hilfe zur Selbsthilfe* findet im Alter seine Grenzen. Wenn ein Partner einen Schlaganfall hat oder an Alzheimer erkrankt, betritt das Paar ein Übergangsfeld, das auch in der Praxis der sozialen Berufe buchstäblich umkämpft ist.

Erwin Böhm, ein Pionier in der Forschung über die Widersprüche in diesem Arbeitsfeld, wendet sich entschieden gegen alle Denkmodelle, die ein *Fortschreiten* des geistigen Abbaus im Alter als unausweichlich darstellen.[10] In der Tat regeneriert sich der menschliche Organismus, solange die Person noch atmet, und das gilt sicher auch für die geistige Tätigkeit. Das menschliche Denken strebt nach Berechenbarkeit. Es akzeptiert die falsche Voraussage lieber als gar keine. Da das Alter voranschreitet, sucht eine naive Harmonisierung auch nach einem Fortschreiten von Störungen. Und im Bestreben, keinen falschen Optimismus zu wecken, neigen Fachleute sehr häufig zu düsteren Ankündigungen.

Die absolute Hirnleistung nimmt bereits im Alter von 25 Jahren ab. Dennoch können die meisten Menschen diese Verluste nicht nur kompensieren, sondern ihre Kompetenzen noch über eine lange Zeit hinweg steigern. In komplexen Berufen, die eher Weitblick und kritischen Abstand von hastigen Lösungen erfordern als schnelle Reaktionen und Umgang mit neuartigen Techniken, sind 60-Jährige oft die beste Wahl.

Wir alle sind einem Abbau der geistigen Leistungsfähigkeit unterworfen. Wir bemerken ihn selten, und er stört uns nicht, *solange wir daran glauben*, wir könnten ihn durch Lebenserfahrung ausgleichen. Die Fantasie, einem bösartigen Abbau der Gedächtnisleistung unterworfen zu sein, ist bei älteren Menschen viel häufiger das Zeichen einer Depression als das einer über das Normale hinausgehenden »Krankheit«.

Wenn Partner zusammen altern, sind die Einschränkungen, die sie treffen, selten synchron. Das ist auch gut

---

10 Erwin Böhm, *Verwirrt nicht die Verwirrten*, Bonn 1988.

so, denn wenn zwei gleichzeitig die gleichen Schwächen haben, können sie weniger füreinander tun. Einst wurde diese Situation durch das Bild charakterisiert, auf dem ein Lahmer von einem Blinden gestützt wird, den wiederum der Lahme davor bewahrt, sich zu verirren.

Die Allegorie steht für jene wechselseitige Hilfe, die das behinderte Leben durch eine Möglichkeit zum Austausch wieder vollständig macht. Allerdings treffen in der letzten Phase des Lebens gesteigerte Forderungen auf ein womöglich bereits geschwächtes Ich. Die Aufgabe der wechselseitigen Unterstützung betrifft – anders als in dem Bild vom Lahmen und vom Blinden oder auch in dem von der Pflegenden am Krankenbett – auch die Organisation von Hilfe und nicht zuletzt die Selbstfürsorge.

Ähnlich wie im Umgang mit kleinen Kindern die Eltern nicht von diesen erwarten sollten, dass sie das Bedürfnis der Erwachsenen nach Schlaf und Erholung respektieren, geraten auch die Partner eines Dementen an Grenzen ihrer Belastbarkeit, wenn sie sich allein an den Bedürfnissen des Behinderten orientieren. Es ist ein gültiges Ideal, in guten und in schlechten Tagen füreinander da zu sein, aber wie alle Ideale muss auch dieses kritisch gesehen werden, wenn es nicht mehr schaden soll als nutzen.

Der Schaden setzt dort ein, wo die Opfer für den Kranken die Kräfte des Gesunden aufzehren. Wenn der Helfer nicht bei Kräften bleibt, kann er nichts für den Schützling tun. Die Unterstützung eines pflegebedürftigen, hilflosen, selbstbezogenen und daher auch rücksichtslosen Partners fordert Eigenschaften, die auf den ersten Blick mit idealen Bildern von Liebe nicht vereinbar sind.

In einer Partnerschaft nachdenklicher, empathisch aufeinander bezogener Menschen kostet es nur ein wenig Aufmerksamkeit, sich darauf zu einigen und sich gegenseitig dabei zu helfen, dass kein Partner überlastet, dadurch beschädigt und damit erst einmal unbrauchbar wird. Die Beteiligten können die Lasten abschätzen, die jeder tragen muss. Sie können darauf achten, dass sich niemand aus Ehrgeiz überfordert und blind wird für das Bedürfnis nach Schlaf und Erholung.

Diese Situation ändert sich, sobald einer der Partner zum Kind wird und nur noch fordern, aber nicht mehr geben kann. Jetzt muss der Partner, dem ein kritischer Blick auf die Lage noch gelingt, diesen auch üben. Seine Aufgabe lässt sich mit der Dreiteilung (Triage) vergleichen, einem Beispiel für die Unterschiede zwischen emotionaler und rationaler Gestaltung von Hilfe.

Wenn der hilfsbereite Sanitäter auf ein Schlachtfeld mit vielen Verwundeten kommt, legt ihm sein *Gefühl* nahe, für den ersten Verletzten, den er trifft, alles ihm Mögliche zu tun. Handelt es sich um einen sehr schweren Fall, wird der Helfer nach einer Stunde feststellen: Er kann den Tod nicht aufhalten, sondern nur den Sterbenden begleiten. Während er das tut, sind neben ihm einige andere Verwundete gestorben, die er hätte retten können.

Aus diesem Dilemma ist die Forderung nach der Triage entstanden. Der Helfer soll sein Arbeitsfeld in drei Zonen gliedern: In der ersten sind die Leichtverletzten, die auch ohne seine Hilfe am Leben bleiben, in der zweiten die Schwerstverletzten, die auch mit seiner Hilfe sterben, und in der dritten die Verwundeten, bei denen seine Hilfe Leben erhalten kann. Wer Leben retten will, darf sich nicht impulsiv von seinem emotionalen Wunsch leiten lassen, ein guter Samariter zu sein.

Die Triage ist ein aufwühlendes Modell, das wir auch als Zeichen dafür verstehen können, dass unsere Gefühle ganz und gar nicht auf das Geschehen auf einem Schlachtfeld vorbereitet sind. Aber die Triage ist angesichts einer Überforderung höchst hilfreich. Wer herausfindet, welche Aufgaben er ignorieren kann, weil sie entweder unwichtig oder ohnehin unlösbar sind, gewinnt Zeit für das Wesentliche.

Klaus und Vera sind seit fast 50 Jahren verheiratet. Beide haben früher als Lehrer gearbeitet; vor allem Klaus war sehr sportlich, arbeitete nebenbei als Trainer einer Vereinsmannschaft. Vera gab in vielen Einzelheiten seinem Ehrgeiz und seiner latenten Angstabwehr nach. Sie hätte gerne andere Kontinente gesehen – Klaus bestieg jedoch niemals ein Flugzeug, leugnete aber seine Ängste. Zwei Jahre nach seiner Pensionierung erlitt Klaus einen Schlaganfall und entwickelte daraufhin eine fortschreitende Demenz mit wahnhafter Verwirrung.

Nicht seine geistigen Einschränkungen, sondern ihre Verleugnung wurde für Vera zum Problem. Klaus sah nach einigen Blechschäden und Beinahe-Unfällen nicht ein, dass er nicht mehr Auto fahren konnte. Vera rang sich unter großen Skrupeln dazu durch, ihn mit der Drohung, sich von ihm zu trennen, dazu zu nötigen, dass er sich nicht mehr ans Steuer setzte. Klaus klammerte sich an sie, verfolgte sie durch das Haus, fühlte sich zu schwach, ohne ihre Hilfe einkaufen zu gehen oder im Garten zu arbeiten, wollte sie aber auch nicht alleine gehen lassen.

Die wenigen vertrauten Freunde, die von dieser Situation erfuhren, beobachteten mit Sorge, wie Vera mehr und mehr auf Dinge verzichtete, die ihr bisher Freude gemacht hatten. Sie konnte abends nicht ausgehen, keine Bekannten treffen, keine Verwandten besuchen. Klaus wollte niemanden sehen, er schämte sich, wenn ihm Wörter nicht einfielen oder er nach kurzem Gespräch nicht mehr wusste, worüber er soeben noch geredet hatte. Als ihn Vera zu einer neurologischen Untersuchung für einige Tage in einem Krankenhaus unterbrachte, wurde sie durch einen Anruf aus der Klinik alarmiert: Ihr Mann sei verschwunden. Einige Stunden später tauchte Klaus im Schlafanzug auf, völlig erschöpft, mit einer Kopfwunde. Er sei hingefallen, sagte er, habe sich ein paarmal verlaufen, dann aber doch den Weg gefunden. In der Klinik seien alle unfreundlich zu ihm gewesen. Da gehe er nie wieder hin.

Die wenigen Freunde, mit denen Vera (trotz eines »Verbotes« von Klaus) über diese Situation sprach, rieten ihr dringend, eine Pflegehilfe zu organisieren. Es sei doch klar, dass sie durch die fortwährenden Ansprüche von Klaus zermürbt werde. Vera behauptete, Klaus würde keine fremde Person akzeptieren. »Dann musst du ihn eben zwingen«, sagte die Freundin. »Den Führerschein hast du ihm doch auch abnehmen können!« – »Da waren aber andere gefährdet«, sagte Vera. »Nur für mich kann ich das nicht tun!«

Wer Raubbau an den eigenen Kräften in Kauf nimmt, um einen Partner zu unterstützen, begibt sich auf einen gefährlichen Weg. Je früher die Grenzen der Belastbarkeit sichtbar werden, desto leichter gelingt es auch den Partnern, sich umzustellen und fremde Hilfe nicht als bedrohlich zu erleben.

Die Situation des Pflegebedürftigen, der seine Schwäche nur dem vertrauten Partner zeigen und die Fassade nach außen aufrechterhalten will, zeigt die Macht der symbiotischen Bedürfnisse. Wer von Familienangehörigen gepflegt wird, ist eigentlich nicht schwach, er ist immer noch Teil eines Ganzen, dessen Schwächen nicht nach außen dringen.

In Fällen wie dem von Vera und Klaus hängt es von der Belastbarkeit des gesunden Partners ab, ob und wie lange die Situation stabil bleibt. Die Gefahr ist auf jeden Fall groß, dass die Aufopferung Veras zugunsten der Fantasie von Klaus, sie sei unbegrenzt verfügbar und werde das auch immer bleiben, irgendwann einer jähen Härte weichen muss, die schon einem funktionstüchtigen Gehirn sehr zusetzen würde.

In letzter Minute und selbst schon sehr geschwächt brachte Vera Klaus schließlich doch noch in ein Heim. Von dort lief er mehrmals weg, obwohl er Vera gerade noch versprochen hatte, diesmal zu bleiben. Er fand den Weg zu Vera nicht mehr und wurde hochgradig verwirrt von der Polizei aufgegriffen.

Natalie und Adam sind lange verheiratet; Adam ist erheblich älter als Natalie.

Als er nach einem ersten Schlaganfall mühsam wieder gehen lernt und sein Arzt ihm zu seiner guten Erholung gratuliert, sagt Adam, er wünsche sich beim nächsten Hirnschlag, in Ruhe zu sterben; verfolgen zu müssen, wie er allmählich schwächer werde, und gar am Ende abhängig, ein Pflegefall zu sein, das sei nichts für ihn. Natalie widerspricht – sie wolle auch diese Zeit, den Lebensabend, mit ihm teilen, auch wenn dieser seine düsteren Seiten habe. Die beiden diskutieren nicht weiter.

Einige Jahre später bricht Adam, inzwischen über 80 Jahre alt, auf einer Wanderung durch den Wald zusammen. Er ist nicht mehr ansprechbar. Natalie erinnert sich an das, was er nach seinem ersten Schlaganfall gesagt hatte. Sie ist gelernte Krankenschwester und vermutet, dass es sich diesmal um einen viel schwereren Hirnschlag handelt. Dennoch bringt sie es nicht fertig, Adam liegen zu lassen. Sie holt Hilfe. Ihre Vermutung bestätigt sich: Adam ist jetzt wirklich ein Pflegefall, er hat die Sprache ganz und die Kontrolle über seine Bewegungen weitgehend verloren. Natalie kümmert sich aufopfernd um ihn und erkrankt an einer Depression. Sie wirft sich vor, Adams Wunsch nicht erfüllt zu haben, ihn im Wald sterben zu lassen.

In keiner Krisensituation zeigt sich die Macht von Illusionen so deutlich wie im Umgang mit dem Tod. Es gehört zur Liebe und zur symbiotischen Verbindung der Liebenden, Grenzen zu ignorieren. Sollen die Partner sich in dieser Illusion unterstützen? Ihre Gefühle rufen danach, aber die Folgen wiegen oft schwer. Natalie hat Adam Recht gegeben und ihn auf diese Weise beruhigt – sie werde schon dafür sorgen, dass nichts geschieht, was er nicht will. Aber es wäre hilfreicher gewesen, sie hätte ihn darin unterstützt, seine Wünsche in einem genauen Patiententestament festzuhalten.

Die lebenslange Aufgabe, in Liebesbeziehungen zwischen Unwillen und Unfähigkeit zu unterscheiden, spitzt sich im Alter angesichts der wachsenden Schwächen beider Seiten zu. Die Sprache pflegt solche Unterschiede ohnehin zu ignorieren. »Ich kann das nicht«, wird gesagt, glcichgültig, ob innerc oder äußere Hindernisse der Erfüllung eines Anliegens im Wege stehen. Wenn mein Partner möchte, dass ich einen Elefanten in den dritten Stock trage, so *kann* ich das nicht; wenn er aber möchte, dass ich mit ihm tanzen gehe, wäre es ehrlicher zu sagen: »Ich *will* das nicht«, selbst wenn ich überzeugt bin, dass ich nicht tanzen *kann*.

Jeder hat seine Ideale, von denen er nicht abweichen will – und er pflegt in diesen Fällen zu sagen: kann. Jeder hat seine Grenzen, die er wirklich nicht überschreiten kann. Noch genauer und noch weiter in der Tiefe betrachtet, löst sich diese Unterscheidung weitgehend auf; unser Erleben vom freien Willen ist ja selbst eine Illusion, an der wir so sehr hängen, dass wir sie – den Ergebnissen der Naturforschung zum Trotz – in unsere Rechtsprechung aufgenommen haben.

Will mich ein schwerhöriges Gegenüber nicht verstehen – oder *kann* es das nicht? Warum lässt sich mein Partner kein künstliches Gelenk einsetzen, benutzt kein Hörgerät, lässt sich nicht Viagra verschreiben (oder plagt mich, weil er es sich hat verschreiben lassen, mit sexuellen Ansprüchen, die mir zu viel sind)?

Konstruktive Lösungen entfalten sich im Bereich der milden Ängste, die Geist und Körper anreizen, die Grenzen ihrer Leistungsfähigkeit zu suchen.

Die Kunst des gemeinsamen Alterns besteht darin, diesen Bereich möglichst lange zu erhalten, oft gerade dadurch, dass eigene Überlastungen rechtzeitig wahrgenommen und mitgeteilt werden. Es geht darum, gemeinsam die Scham zu überwinden, die das Pflegen und Sichpflegen-Lassen im Alter so viel mehr belastet und die Aufgabe der Altenpflege so viel anspruchsvoller macht als die der Kinderpflege. Kinder freuen sich über Hilfe und schämen sich nicht, dass sie hilflos sind. Alte Menschen müssen in ihrer Hilflosigkeit die Kränkung ertragen, dass etwas nicht mehr geht, was lange Zeit ging, was sie erobert hatten, worauf sie stolz waren. Die Unterstützung durch den Partner in der Verarbeitung dieser Kränkung ist immens wichtig.

5. Coaching als Haltung

Der 45-jährige Chirurg Rüdiger hat im Alter von sieben Jahren die Mutter verloren. Er scheut in seinen Liebesbeziehungen jede Festlegung und trennt sich von Frauen, sobald er sie als anspruchsvoll erlebt – vor allem dann, wenn sie eine feste Beziehung und Kinder wollen. Als die Krankenschwester Margret schwanger ist und behauptet, das Kind sei von ihm, fordert er sie auf, die Schwangerschaft abzubrechen: Er habe doch ganz klar gemacht, dass er kein Kind wolle, und sie habe behauptet, sie trage die Spirale, er müsse sich keine Sorgen machen. Margret will das Kind behalten, Rüdiger findet sich zähneknirschend damit ab und besteht auf einem Gentest. Er ist wirklich der Vater. Fünf Jahre später, inzwischen ein engagierter Vater, gesteht er, Margrets Aktion sei das Beste gewesen, was ihm jemals in seinem Leben passiert sei.

Wenn wir ein Gesetz zu dem Strukturwandel von Verliebtheit zu Liebe, von Ausnahme zu Alltag suchen – die Arndt-Schulz-Regel würde sich gut eignen: »*Schwache Reize fachen die Lebenstätigkeit an, mittelstarke Reize fördern sie, starke hemmen sie, stärkste heben sie auf.*«[11]

---

11 Diese physiologische Grundregel wurde 1899 von zwei Professoren der Universität Greifswald, einem Pharmakologen

Verliebte suchen sich jede kleinste Unstimmigkeit, Grenze, Differenz zu ersparen. Sie erfüllen, was noch gar nicht ausgesprochen ist, so wie eine Mutter, die ihr Baby schon anlegt, ehe dessen Unruhe in lautes Schreien übergeht.

Um zusammen die Aufgaben anzupacken, welche das Zusammenleben stellt, darf dem Gegenüber weder zu viel zugemutet noch zu viel erspart werden. Das bedeutet: Die Partner müssen verhandeln. Verhandlungen in der Liebe gewinnen schnell die Qualität des Zweitbesten, der Notlösung. Aber sie sind dort angesagt und unverzichtbar, wo in einer Krise der wechselseitigen, symbiotischen Hingabe der Absturz einer Liebesbeziehung in den verzweifelten Ruf droht: Du bist nicht der/die Richtige!

Marfa und Jochen kennen sich seit drei Jahren und wohnen seit einem Jahr zusammen. Marfa ist Kroatin und hat im Krieg ihre Eltern verloren. Sie hat immer wieder panische Ängste, Jochen zu verlieren. Jochen seinerseits beobachtet Marfa ängstlich: Er will es unbedingt vermeiden, dass auch diese Beziehung wieder scheitert. Seine Frau hat ihn nach heftigen Streitigkeiten verlassen. Jochens 14-jähriger Sohn lehnt Marfa ab und will den Vater nur sehen, wenn Marfa nicht dabei ist. Jochen findet es schrecklich, dass ihm Marfa jedes Mal Szenen macht, wenn er mit seinem Sohn etwas unternimmt. Bald beklagt sie sich, dass er es ihr zu spät gesagt habe, bald behauptet sie, er habe nie Zeit für sie,

(Hugo Paul Friedrich Schulz) und einem Psychiater (Rudolf Arndt), geprägt. Arndt verfasste das erste deutsche Lehrbuch über die moderne Nervosität (»Neurasthenie«).

was Jochen mithilfe seines Terminkalenders mühsam entkräftet.

Marfa hätte gerne ein Kind mit Jochen. Sie sagt, dann würde sie sich nicht mehr so an ihn klammern. Jochen glaubt eher, dass Marfa dann noch mehr klammern würde. Sie soll erst einmal mehr Ruhe in die Beziehung bringen.

Jochen kann Marfa nicht darin unterstützen, ihre Panikattacken zu bewältigen, weil ihm diese seinerseits Angst machen und sein Misstrauen wecken, dass auch diese Beziehung ähnlich im Chaos endet wie die zu seiner ersten Frau. Er scheut Marfas Wutanfälle, fürchtet ihre Drohungen, vermeidet klare Aussagen. Aufgrund seines Ärgers über ihre Kontrolle und ihre Macht über ihn neigt er dazu, Marfa zu strafen, ihr den Herzenswunsch nach einem Kind zu versagen, solange sie sich nicht »gebessert« hat. Er fordert »erwachsenes« Verhalten, aber er übt dieses Verhalten nicht mit ihr, weil ihn selbst kindliche Ängste vor Liebesverlust belasten.

Jochens Mutter litt an Depressionen. Sie versorgte die Kinder physisch, konnte sich ihnen aber nicht zuwenden. Jochen erlebte die bedrückte Stimmung seiner Mutter als chronischen Vorwurf und als Versagen. Daher kann er auch nicht fest bleiben, wenn Marfa ihn unter Druck setzt. Sobald Marfa unglücklich und verängstigt ist, empfindet er das als Vorwurf. Er kontert mit Gegenvorwürfen: Sie sei undankbar, hysterisch, verlange von ihm, ein schlechter Vater für seinen Sohn zu sein.

Partner können füreinander mehr leisten als ein Therapeut oder Coach. Aber ihr Einsatz ist ungleich höher. Während der Coach nur seine professionellen Fähigkeiten für begrenzte Zeit einsetzt, führt die Unterstützung des Partners in existenzielle Entscheidungen.

Die Überlegungen, ob Marfa oder Jochen füreinander die »richtigen« Partner für ein solches Unternehmen sind, führen zu immer neuen Ängsten und Unsicherheiten. Deren Unlösbarkeit schwächt das Selbstgefühl der Partner. Sie schwanken ständig zwischen Verlustängsten und symbiotischer Sehnsucht. Professionelle Hilfe kann dieses Dilemma klären, aber nicht lösen.

Erst wenn Jochen erkennt, dass Marfa ihre Ängste nicht bewältigen wird, solange er sie darin nicht unterstützt, kann er sich dafür entscheiden, ihr und sich eine Schwangerschaft zuzumuten, und so beide aus der Pattsituation befreien, in die sie geraten sind.

Er gibt damit aber auch die Sicherheit preis, dass sie sich leicht trennen und das riskante Unternehmen ihrer Beziehung aufgeben können. Das heißt: Der Liebende als Coach setzt sich existenziellen Gefahren aus, die sein Vetter im professionellen Bereich meiden kann.

Für gesunde und wirtschaftlich einigermaßen versorgte Erwachsene lassen sich die Probleme mit Schwangerschaft, Geburt, Sorge für ein Kind meist lösen. Aber es gibt keine absolute Sicherheit, keine Garantie, dass dieser Schritt eine Liebesbeziehung festigt. Er macht sie nur reicher und vielfältiger, öffnet eine neue Dimension: den Kontakt zu einem Kind. Ihn zu verweigern kann tiefe Kränkungen auslösen und so die Trennung einleiten. Wenn das Unternehmen gelingt, stärkt diese Erfahrung das Selbstgefühl der Partner. Aber sie riskieren auch viel.

Die Liebe ist zugleich einfacher und komplizierter geworden. In den Tragödien um die Kinder verfeindeter

Familien (Romeo und Julia) hatten die Liebenden keine Möglichkeit, das Gebot der Eltern zu ignorieren. In der Gegenwart wird ein subjektives Liebeskonzept nicht mehr von sozialen Traditionen gebändigt. Aber es ist auch gefährlich, die eigenen Vorstellungen von Liebe als Richtschnur zu nehmen, sozusagen »draufloszulieben« und sicher zu sein, dass das umso besser funktioniert, je stärker die eigene Liebe ist und je energischer sie sich durchsetzt.

Das Coaching modelliert eine Beziehungssituation, in der zwei Erwachsene einander einfühlend begegnen und in der Bewältigung komplexer Anforderungen unterstützen. Es ist als Dienstleistung entstanden, deren Notwendigkeit in derselben Freisetzung wurzelt wie die moderne Ehe: In Karrieren, die neue Rollenerwartungen schaffen, brauchen Menschen eine Form von Orientierungshilfe und Unterstützung, für die in einem von Traditionen gebundenen Rahmen keine Notwendigkeit bestand.

Den Mann zu coachen war eine wesentliche Aufgabe der bürgerlichen Ehefrau. Das schlägt sich in mehr oder weniger ernsthaften Sprichwörtern nieder, wonach hinter jedem erfolgreichen Mann eine starke, kluge oder ehrgeizige Frau steht. Picasso hat behauptet, es sei *viel Wahrheit in dem Ausspruch, dass ein Mann nicht größer sein kann, als die Frau, die er liebt, ihn sein lässt.*

Das ist nicht weit entfernt von Schillers Bild der Hausfrau, die züchtig waltet und dem Mann den Rücken frei hält. In einer Zeit, in der weibliche Berufstätigkeit die Regel ist, ist das anachronistisch; es liegt daher nahe, die entsprechenden Formen der Unterstützung nicht mehr einseitig und verdeckt auszuüben, sondern sie offen zu diskutieren. Die Berufswelt beutet dann nicht mehr die untergründig von Frauen geleistete »Beziehungsarbeit« aus, sondern sie inspiriert beide Geschlechter, einander in den anfallenden Aufgaben zu unterstützen.

Distanz und Nachdenklichkeit können in eine Ehe zurückkehren, wenn die Partner entdecken, dass sie mit der Bedienung im Lokal, dem Tankwart oder der Sekretärin einfühlender, wertschätzender, höflicher umgehen als mit dem Menschen, der ihnen am nächsten steht und dem sie einmal Liebe versprochen haben.

Wer die Geschichte psychologischer Einflussnahme erforscht, begegnet einer merkwürdigen Pendelbewegung. Strenge und Struktur werden gelobt, geraten an Grenzen, werden abgelöst durch Gewähren und Freizügigkeit; aber auch diese geraten an Grenzen, und wieder erhebt sich der Ruf nach Strenge und Struktur.

Da sich Liebe nicht erzwingen lässt und unter dem Druck von Angst nicht gedeiht, ist die Sehnsucht der Liebenden nach einem paradiesischen Zustand auch eine Sehnsucht nach jener Zeit, in der Menschen so viel mehr Kinder der Natur waren als heute.

Es ist nicht nur kitschig, sondern schlicht falsch, wenn in erbaulichen Texten die Natur als »große Lehrmeisterin« beschrieben wird. *Die Natur vergleicht nicht mit einem Ideal. Sie bewertet nicht.* Unser Handeln in der Natur hat Erfolg oder es scheitert, aber außer dieser klaren Erfahrung gibt es keine weitere Aussage, kein »nahe dran«, kein »redlich bemüht«, kein »nicht genug angestrengt«, kein »andere sind besser«. Wer Knollen aus dem Sand gräbt oder einem Bienenvolk seine Honigwaben raubt, muss Hindernisse überwinden, um an seine Beute zu kommen. Was er dabei selbst an Geschick entwickelt oder anderen abschaut, gehört ganz ihm.

Man kann solches Lernen ganzheitlich, konkret, sinnlich, direkt nennen und es von den vielen Schulstunden unterscheiden, in denen Kinder etwa darüber nachdenken müssen, ob ein Verhalten, das sie nicht kennen, gut oder böse ist, in denen sie Inhalte lernen sollen, die sie erst einmal nicht verstehen und dann nach bestimmten Regeln zusammensetzen müssen. Die für sie fassbare Sinnhaftigkeit liegt allein in der Drohung der Institution, wer das nicht leiste, der sei »schlecht«.

Als zentraler Unterschied zwischen den Kulturen, auf die unsere Gene zugeschnitten sind, und den Zivilisationen lässt sich benennen, dass bei den einen die Orientierung am Hunger und bei den anderen die Orientierung an der Angst im Zentrum steht.[12] Die Liebe zu einem vertrauten und begehrten Partner ist eine der wenigen Möglichkeiten, die Angst wieder durch den (erotischen) Hunger zu ersetzen. Das Begehren, dem Gegenüber nahe zu sein, lenkt von den Problemen der zivilisierten Existenz ab (und von den mit der Unlösbarkeit dieser Probleme verknüpften Ängsten). Sie führt zurück in einen von Sorgen befreiten, unbekümmerten Zustand, der in den Paradiesmythen als Eigentum des Menschen vor dem Sündenfall beschrieben wird.

Sich von den Ängsten in der Leistungsgesellschaft abzulenken und so viel wie möglich von ihnen in Appetit

---

12 Diese Gegenüberstellung wird in Wolfgang Schmidbauer, *Lebensgefühl Angst*, Freiburg 2005 begründet.

auf zärtliche Nähe zu verwandeln ist auch die grundlegende Haltung des Coachings in der Liebe. Die Partner unterstützen sich darin, Schmerz zu vermeiden und Lust zu finden. Gleichzeitig aber achtet jeder die eigene Natur und überschreitet nicht deren Grenzen.

Wieder liegt die Frage nahe: Warum ist der Weg in Selbstvergessenheit und Verzeihen so kompliziert, wo dies alles doch so natürlich wirkt, so einfach sein könnte? Es ist leider alles andere als einfach, fehlgeleitete Formen des Lernens rückgängig zu machen. Dem Kind werden in der Moderne Leistungen und Entscheidungen abverlangt, die es überlasten. Der Erwachsene ist durch die Verdrängung verletzender Erfahrungen beeinträchtigt: Er kann seine Ängste und Aggressionen nicht ohne Symptombildung verarbeiten.

Die hier angedachte Haltung rät bei der Gestaltung einer Beziehung, sich der Kulturen des Hungers bewusst zu bleiben und stets auf die gemeinsame Entspannung hinzuarbeiten. Die »Mutter Natur« ist eine Erfindung des kulturgeprägten Menschen, aber diese Erfindung hat sehr hilfreiche Aspekte. Diese Mutter verbietet nichts, erlaubt nichts, sie lobt nicht und straft nicht. Wer eine solche Haltung einnimmt, ist nicht Priester, nicht Lehrer, nicht sorgende Mutter, nicht strenger Vater. Er bietet sich an als Gefäß, als Materie, an der sich schöpferische Kräfte entfalten können.

Nun ist der Mensch jedoch grundsätzlich überfordert, wenn er leisten muss, was der Materie mühelos gelingt, da diese doch gar nicht weiß, was Mühe ist und was getan werden *sollte*. Wir können keine wertfreien Räume herstellen, denn um diese aufzufinden und zu erhalten, müssten wir eine Skala der Wertfreiheit gewinnen, ähnlich wie Kinder mit »heiß« oder »kalt« dem Suchenden helfen, das Verborgene zu entdecken.

Wir müssen uns damit begnügen, dieses Dilemma zu beschreiben. So mag es gelingen, im Blick auf es Humor zu entfalten – lösen lässt es sich nicht. Wir können nur zusammenarbeiten, um uns aus solchen Sackgassen herauszuholen, statt uns tiefer in diese hineinzustreiten.

Die Liebe kann, will sie bestehen bleiben, nicht »lieb« sein, aber sie kann die Bereitschaft entwickeln, sich für ihre Grausamkeiten zu entschuldigen und Entschädigung anzubieten. Es ist besser, ein »lieb« gemeintes Angebot abzulehnen, als das eigene Widerstreben zu unterdrücken und dadurch den ersten Zug in einem Spiel zu tun, in dem zu gewinnen glaubt, wer mehr Selbstaufgabe praktiziert.

Das gilt vor allem für das Problem der erotischen Differenz, über das in der Untersuchung der Phasen einer Beziehung schon einiges gesagt wurde. Wegen der großen Bedeutung des Problems möchte ich hier die oben skizzierte Position des Coachings paaranalytisch erweitern.

Während der ersten Verliebtheit erzählen sich Paare symbiotische Mythen. Zu ihnen gehört, dass der Appetit auf Zärtlichkeit und Liebesverkehr bei beiden »gleich« ist – entweder in der Illusion »gleicher« Empfindungen und Intensitäten oder in der Überzeugung, wenn eine Seite etwas begehre und wünsche, sei dies auch der Wunsch des Gegenübers, eben wegen der überwältigenden Bereitschaft, einander »alles« zuliebe zu tun und zu sein.

»Wenn du willst, will ich immer auch!«

»Bist du gekommen?«

»Genau in dem Augenblick, in dem du kamst!«

Solche Paradiese sind instabil. Wo die totale Harmonie beteuert wird, ist sie auch gefährdet. Die Worte tasten nach einem Gesetz, das unsere Affekte nicht liefern können. Lust und Unlust regeln sich selbst. Die Frage nach der Zufriedenheit des Gegenübers (»Wie war ich?«) drückt eine Störung in der erotischen Selbstvergessenheit aus und delegiert die Reparatur der drohenden Folgen an den Partner. Dessen Bestätigung liefert dann eine trügerische Sicherheit. Der Paaranalytiker begegnet Ehen, in denen ein untreuer Partner im Nachhinein dadurch entwertet wird, dass alle ihn bisher bestätigenden Orgasmen zu Fälschungen erklärt werden.

Die elementare Regel, für den Partner Materie zu sein und zu bleiben, wird der größten Gefahr entgegenarbeiten, der erotische Beziehungen in der zivilisierten Welt ausgesetzt sind. In der traditionellen Welt belasteten Zwang und Gewalt die Liebe; in der Moderne sind es Vermeidung und Rückzug – oft aus einem Versuch heraus, den eigenen Stolz zu retten und das Gegenüber in der ihm unterstellten Verweigerung von Liebe zu übertrumpfen.

Wer in dieser Form Materie bleiben kann und seine Natur nicht zugunsten der symbiotischen Illusion verleugnet, wird sein Begehren behalten, auch wenn es nicht erwidert wurde. Er wird es weder zur Aggression steigern noch diese Aggression gegen sich selbst richten und dann das Gegenüber anklagen, dass es an seinem bedauernswerten Zustand schuld sei. Umgekehrt wird ein

Gegenüber, das dieselbe Haltung einnehmen kann, das erotische Interesse auch dann nicht bedrohlich finden, wenn es nicht erwidert wird.

In die Behandlung kommen Paare, die ganz anders mit dem Dilemma umgehen.

»Geh doch ins Bordell, wenn du darauf nicht verzichten kannst«, sagt eine 35-Jährige, die sich von der Versorgung von drei kleinen Kindern überlastet fühlt, zu ihrem Partner, der sich über ihr Desinteresse beklagt.

»Alle meine Freundinnen sagen auch, dass es nach den Wechseljahren nicht mehr so wichtig ist«, sagt eine 55-Jährige zu ihrem Partner. »Wenn du mich immer so bedrängst, verliere ich komplett die Lust.«

»Immer muss ich auf meinen Mann zugehen. Und wenn ich ihn verführe, dann plagt er sich sehr, dass ich einen Orgasmus habe, und wenn er das geschafft hat, will er nicht mehr. Aber ich wünsche mir doch so, dass er auch was davon hat!«, sagt eine 44-Jährige.

Die Verführung durch das symbiotische Bedürfnis läuft in diesen Fällen darauf hinaus, sich wertend in die Erotik des Gegenübers einzumischen und die erotische Differenz nicht in ihrer materiellen Qualität zu belassen, sondern sie zum »Problem« umzudefinieren, das gelöst werden muss. Dieser Weg führt in die Paradoxie der verordneten Spontaneität, der geforderten Entspannung, der skalierten Hingabe, der kanalisierten Freiheit.

Kennzeichnend für diese Paradoxie ist ihre scheinbare

Normalität. Sie fällt nicht auf. Das liegt daran, dass unsere sprachlichen Werkzeuge so verwendet werden, als wären sie Hebel und Schrauben. Die entzauberte Welt der technischen Logik baut Beziehungen wie Uhrwerke und ölt diese gedankenlos mit Forderungen wie: *Spaß muss sein.*

Abschied von der Leistungsgesellschaft

In der Leistungsgesellschaft wird ein unbewusster Mechanismus zum allgemeinen Lebensprinzip, der sich als Wechselspiel von manischer Abwehr und depressivem Zusammenbruch beschreiben lässt. Die manische Abwehr enthält die Verheißung, wer alle Prüfungen bestehe, die beste Note erreiche, die beruflichen Hürden bewältige, der sei auch glücklich. Umgekehrt müssen diejenigen, die vor diesen Forderungen versagt haben, die deprimierende Botschaft akzeptieren, dass sie mangelhaft sind und/oder sich eben nicht genügend angestrengt haben.

Eine zentrale Aufgabe des Coachings ist es, die zerstörerischen Folgen dieses Prinzips abzupuffern und zu differenzieren.

Der Coach im Sport steigert die reale Leistung, indem er hilft, sich im Training weder manisch zu überfordern und zu überschätzen noch angesichts eines Misserfolgs zu resignieren und die Übung ganz aufzugeben.

Der Zwang zum Optimismus und die Anfälligkeit für Depressionen und Burnout bedingen sich wechselseitig. Das sogenannte »positive Denken« ist eine Ursache eben der Störungen, die es zu bekämpfen vorgibt. Es kostet nicht viel, jemanden dafür zu tadeln, dass er eine Situation zu negativ sieht. Es ist spottbillig (und kommt beim Depressiven oft tatsächlich an wie Spott), das Schlechte zu wenden, bis es besser aussieht.

Eine Frau hat sich einen »schwierigen« Mann ausgesucht, sie glaubt fest daran, dass zehn Jahre liebevolle Geduld aus einem selbstbezogenen Macho einen einfühlenden Partner machen werden. Jetzt ist sie depressiv. Denn nach dieser vermeintlichen Aufbauarbeit ist ihr Partner noch ebenso selbstbezogen wie zu Beginn. Er reagiert empört, wenn sie andeutet, nun sei doch einmal auch sie an der Reihe.

Wer mit solchen Menschen spricht, wünscht sich oft, sie hätten schon früher, als sie noch Kraft hatten, etwas mehr nachgedacht. Aber genau da liegt das Problem: Kleine Zeichen der nahenden Krise werden ignoriert, weil eine Umkehr heißen würde, den Fehler im Lebensplan zu erkennen, sich von der manischen Erwartung zu distanzieren, wer viel Liebe gebe, bekomme ebenso viel zurück. Ist erst die Krise ausgebrochen, mangeln die Ressourcen, um auch nur Bruchteile dessen zu erkämpfen, was anfangs in der Hoffnung auf Riesengewinne eingesetzt wurde.

Nicht Angst, nicht Trauer sind das Problem der Depressiven. Das sind Gefühle, die kommen und wieder gehen. Das Problem ist die *Abwehr* von Trauer und Schmerz oder Angst. Wer seine Fehlerhaftigkeit verleugnen muss, riskiert seine Gesundheit ähnlich wie der angeschossene Verbrecher, der so tun muss, als wäre er gar nicht verletzt. Auf diese Weise werden aus heilbaren Zuständen schlechter Stimmung solide Krankheiten.

Barbara L. Fredrickson schlägt vor, an die Stelle von »sei positiv« »sei offen« zu setzen. Sie beschreibt Liebe als »Positivresonanz« zwischen Menschen, die sich wechselseitig emotional öffnen, ein tief in unserer Stammesgeschichte und in unserem Stoffwechsel verwurzeltes Gefühl, eine Gegenmacht zu der ebenfalls angeborenen Kampf-Flucht-Reaktion.[13]

Wer dieses Gefühl und die mit ihm verbundenen »Mikromomente« fördert, verbessert seine körperliche und seelische Gesundheit. Liebe ist flüchtig, aber sie entsteht auch immer wieder neu. Keine prinzipielle Liebesdiskussion kann den liebevollen Umgang miteinander ersetzen. Liebe als positiver »Mikromoment« prägt Zufallsbegegnungen und Kontakte am Arbeitsplatz so gut wie langjährige Beziehungen. Wo Menschen positiv und verlässlich aneinander gebunden sind, kann (und sollte) Liebe immer wieder neu geschaffen werden.

Jede kleine Liebesgeste, jedes kurz aufflackernde Gefühl, freundlich verbunden zu sein, ist ein Teil dieser Liebesmacht. Sie entfaltet sich in unserem Körper, in unserer Atmung, sie wird durch Achtsamkeit für die kleinen Begeisterungen gefördert, welche jede gelingende Begegnung mit einem anderen Menschen in uns auslösen kann. Und wir können sie durch Meditationen üben. Das sind alte Weisheiten, doch gelingt es Fredrickson, sie durch Hinweise auf Gehirnscans und Oxytocinmessungen ins 21. Jahrhundert zu transponieren.

---

13 Barbara Lee Fredrickson, *Love 2.0: How Our Supreme Emotion Affects Everything We Feel, Think, Do, and Become*, New York 2013.

Karl Marx hat in seiner Opium-Metapher die beschwichtigende, zudeckende Qualität des religiösen Denkens und Handelns unterstrichen. Aber ebenso wie Freud hat er das Bedürfnis der Menschen nach einem Halt unterschätzt, den die Wissenschaft nicht gibt.

Aufklärende, kritische Bücher werden von manchen Lesern als hilfreich, von anderen als zu kalt, als ganz und gar nicht nützlich empfunden. Ermutigende, mit Rezepten und Übungen ausgerüstete Bücher wiederum öden den einen an, der andere ist begeistert und profitiert. Es ist wie in der Kunst: Problemstücke, Problemfilme, anspruchsvolle Inszenierungen auf der einen Seite, Happy End, Melodram, Schlager und Komik auf der anderen.

Als ich begann, über dieses Thema nachzudenken, suchte ich auch nach einem Zusammenhang zwischen einer starken Kultur, die Negatives wahrnehmen und verarbeiten kann, gegenüber einer ängstlichen und geschwächten, die nur noch Rezepte zur Selbstverbesserung aufnehmen kann und gebieterisch das positive Denken fordert. Dann wäre die Psychoanalyse, der heute so oft eine »Defizitorientierung« vorgeworfen wird, Produkt einer selbstbewussteren, weniger von Versagensängsten geplagten Kultur.

Die »Ressourcenorientierung«, die heute von systemischen und suggestiven Therapieformen propagiert wird, entspräche dann der von Ängsten geplagten Konsumkultur der Gegenwart.

Aber ich vermute doch eher, dass beide Strömungen schon immer existiert haben. In der buddhistischen Weisheit hat das Paradox eine ehrwürdige Tradition, dass wir die Abhängigkeit von einem Weisen ebenso suchen wie die Befreiung aus ihr. »Triffst du Buddha unterwegs, so töte ihn«, lautet ein alter Zen-Spruch.[14] Vermutlich kann keine einzelne These den großen Schritt der Aufklärung entbehrlich machen: dass jeder nach seiner Fasson selig werden darf.

Um Wachstum zu fördern, genügt es, Störendes zu unterlassen. Wenn die Bedingungen günstig sind, kann der Versuch nur schaden, das Wachstum zu beschleunigen, indem man – wieder eine asiatische Sentenz – an den Reishalmen zieht, damit sie schneller reifen. Das Bild der Materie, der Natur, der sprachlosen Wärme der Sonne, der Pflanzen und Tiere unterstützt eine Haltung, der Liebe Raum zu geben und sie geschehen zu lassen.

Mit dem Beginn des bürgerlichen Zeitalters und damit des Leistungsdenkens und der Individualisierung wird einerseits mehr denn je von Liebe geredet – Niklas Luhmann hat das in seinem Buch *Liebe als Passion* untersucht. Auf der anderen Seite taucht der Verdacht auf, dass Liebe »zerredet« werden kann, dass sie Beschwörungen ebenso gut vertreiben wie anlocken. Schillers Vers: »*Spricht* die Seele, so spricht – Ach, schon die Seele nicht mehr« (aus *Kabale und Liebe*) hat Friedrich Hebbel in seinen Tagebüchern umgeformt in: »Spricht die Liebe, so spricht – Ach, schon die Liebe nicht mehr!«

Die Frage nach »Haltung« und/oder »Technik« kann helfen, sich über das eigene Verhalten und seine Folgen

---

14 Diese Aufforderung, sich von Autoritäten zu lösen, liefert den Titel für ein 1972 (deutsch 1978) erschienenes Buch von Sheldon Kopp, in dem er Zen-Lehre und Psychotherapie miteinander verbindet.

klar zu werden. Sobald sie zum Entweder-oder wird oder gar dazu führt, dass eine Seite die andere entwertet, stiftet sie Verwirrung und richtet Schaden an. Die Haltung des Geschehenlassens, des Verzichts auf Einflussnahme, hat der englische Dichter John Keats *negative capability* genannt. Er schrieb sie Autoren wie William Shakespeare zu, die alle Affekte und Emotionen zulassen, ohne ihre Ausdruckskraft durch eine wertende Position zu lenken. Der Dichter leiht dem Schurken wie dem Helden seine Stimme; sein einziges Bemühen scheint zu sein, sie in ihrem Wesen zu Wort kommen zu lassen.

Diese Haltung ist der Psychotechnik in ihrer hilfreichen Kraft überlegen, wenn sie am rechten Ort und zur rechten Zeit geschieht und geschehen lässt. Aber sie kann auch zur Ausrede für abweisende Passivität werden. Sie gleicht dem Resonanzkörper eines Musikinstruments, der selbst keinen Ton produziert, ohne den aber die Töne schwach bleiben und schnell verklingen.

Was macht es dem Menschen in der Regel so schwer, in diese Haltung zu finden? Wer belastete Beziehungen beobachtet, findet Partner, die sich nicht *wahrnehmen*, nicht aufeinander wirken lassen.

Die Szene in der Zauberflöte, in der sich Tamino in ein *Bild* Paminas verliebt, symbolisiert den typischen Modus: Die Wahrnehmung der Tiefendimension, der Beweglichkeit des Gegenübers ist nicht nur nicht notwendig für eine entschiedene Liebeswahl – im Gegenteil: Wo Eigenarten verschwommen sind wie die weißen Flecke auf der Landkarte unerschlossener Kontinente, kann sich die Verliebtheit am besten entfalten, indem sie Erwartungen projiziert und überzeugt ist, sie seien erfüllt.

Oft werden problematische Beziehungen positiver erlebt, wenn das Gegenüber entweder ganz fehlt oder aber von allen anderen Beziehungen abgeschnitten ist.

»Auf unserer langen Reise von Mittelamerika bis Alaska haben wir uns bestens vertragen, auch wenn es heftige Situationen gab. Einmal ist uns die Achse am Auto gebrochen. Da war meine Frau so, wie ich mir eine Partnerin vorstelle. Dann sind wir wieder zu Hause, sie ist mitten in ihrem Clan. Es ist vorbei mit der Nähe, sie sieht mich nicht mehr, sie interessiert sich nicht mehr für mich, alles ist wichtiger als ich!«

»Wenn ich unterwegs bin – ich muss ja oft beruflich verreisen –, dann denke ich an zu Hause und sehe die guten Eigenschaften meiner Frau, wie sie sich um die Kinder sorgt und das Haus in Ordnung hält. Aber wenn ich dann heimkomme und sie fängt an zu nörgeln, dass ich meinen Teller nicht in die Spülmaschine geräumt habe, solche Kleinigkeiten, dann ist es vorbei damit, und ich möchte nur wieder weg!«

Die Frau, mit der in dem ersten Beispiel die Reiseprobleme gemeistert wurden, ist noch ganz dieselbe, wenn sie sich um die Mitglieder ihres Clans ebenso bemüht wie um den Partner. Dieser aber möchte der Einzige sein. Ähnlich ist die Frau, die als sorgende Mutter und gute Haushälterin so angenehme Erinnerungen prägt, eben dieselbe, die sich missachtet fühlt, wenn ihr Mann sein schmutziges Geschirr in der Wohnung dort stehen lässt, wo er seinen Hunger gestillt hat.

Wer nicht vergleicht und nicht erwartet, der ist seltener gekränkt und öfter neugierig. In den symbiotischen Beziehungen ist das eher umgekehrt – die Kränkung über das unsymmetrische Verhalten des Gegenübers erdrückt die Neugier: »*Mein Mann hat mich nie geliebt, sonst könnte er mich doch nicht derart enttäuschen!*«

Daher gibt es auch keinen *Beginn* solcher Lieblosigkeit. Sie wird als Reaktion erlebt und folgt dem unbewussten Verlust der Haltung dieses Gewährens, das nicht nach Existenz fragt, sondern existiert. Wir leben von Kindheit an in einer Welt, in der erzogen und normiert wird, umgeben von Dingen, die wir richtig oder falsch bedienen können, mit segensreichen, mit katastrophalen Folgen, je nachdem. Die Leistungsgesellschaft lässt sich mit einem Floß vergleichen, auf das sich viel zu viele Schiffbrüchige retten wollen. Nur wer in die Mitte kommt, kann sich sicher fühlen.

Entsprechend heftig sind die Reaktionen, wenn das Gegenüber die Fantasie stört, das eigene Ich sei *in Ordnung*, liebenswert und mit dem Du verschmolzen. Jemand zu sein, der *richtig* liebt, bietet Sicherheit angesichts der eingefleischten Angst des Menschen, verlassen zu sein, ausgesetzt, in wegloser Weite ohne Orientierung, geächtet und verstoßen.

Je weniger von Zweifeln belastet mein Gefühl ist, zu lieben, desto leichter fällt es mir auch, mich geliebt zu fühlen. In seiner Liebe tragen das Ich wie den antiken Gott zwei Flügel: die Fähigkeit, zu lieben, und der Glaube, geliebt zu sein. Erdgebunden können wir mit *einem* gesunden Bein noch humpeln. Im Liebesflug genügt der Bruch *eines* Flügels. Das Ich stürzt ab, kann sich nicht mehr erheben.

Obwohl wir uns ein Ende der Liebe nicht vorstellen können, haben doch viele von uns ein solches Ende erlebt und die meisten auch überlebt. Bezeichnenderweise können wir kaum sagen, *wie* wir das gemacht haben.

> *Anfangs wollt ich fast verzagen,*
> *Und ich glaubt, ich trüg es nie;*
> *Und ich hab es doch getragen –*
> *Aber fragt mich nur nicht, wie?*

So Heinrich Heine. Wenn es nicht gelingt, diesen Prozess später zu vergegenwärtigen, so hängt das damit zusammen, dass er in unserem Lebensentwurf nicht vorgesehen ist, dass solches im Grunde nicht geschehen dürfte und dass das Selbstgefühl, das grandios gefestigt und erweitert wurde, den Bruch seiner Beflügelung nicht dulden will – es hat ihn nie gegeben, er ist unmöglich und unerträglich. Und er geschieht dennoch, er wird verarbeitet, nachher aber wissen wir nicht, wie wir das »gemacht« haben.

Es darf geschwiegen werden

Nachdem ich ein halbes Arbeitsleben damit verbracht habe, mithilfe der Sprache Menschen in der Bewältigung ihrer Geschichte und ihrer Beziehungen zu unterstützen, möchte ich auch einmal über den Segen des Schweigens schreiben. Das ist ein wenig paradox, denn auch die Schrift ist geschwätzig, und ich werde Geschichten erzählen, von denen ich nicht wüsste, wenn es die Sprache nicht gäbe.

Gefährlich für den Menschen und seine Liebe ist das *Eindringliche* der Sprache. Worte setzen sich in unserem Inneren fest, wir können sie wiederholen, sie werden buchstäblich zu Zaubersprüchen. Guter Zauber lindert Leiden und schafft Schönes; böser Zauber aber schafft Leiden und hindert den Genuss des Guten.

Bösen Worten können wir leider nicht zuverlässiger ausweichen als den Knüppeln und Steinen, die nach uns geworfen werden. Womöglich heilen gebrochene Knochen sogar schneller als von einer entwertenden Rede verletzte Seelen. Von besonders verletzbaren Menschen wissen wir, dass sie die körperliche Läsion dem Schmerz einer Entwertung vorziehen. Sie verwandeln Scham und Angst in körperlichen Schmerz, indem sie sich Haare ausreißen, sich schneiden oder sich glühende Münzen auf den Arm legen.

Körperliche Wunden heilen, wenn sie verbunden und ruhiggestellt werden. Das ist bei seelischen Verletzungen schwierig. Böse Worte können viele Jahre lang immer wieder innerlich zitiert werden und das Bild einer Beziehung für immer entstellen. Gefühle sind wandelbar. Wo sie mit Zitaten verknüpft werden, verlieren sie ihre ebenso bedrohliche und quälende wie auch erlösende und gnädige Flüchtigkeit. »Ich liebe dich nicht mehr!« Das steht da, wie in Stein gemeißelt. Aber wer kann sagen, dass es morgen nicht heißen wird: »Ach, ich liebe dich immer noch, ich werde dich immer lieben – bis zum nächsten Verzagen!«

Auf den Partner werden emotionale Gefahren projiziert, die aus dem eigenen Inneren kommen: Er wird mich verlassen! Er leugnet diese Absicht, aber ich kann das nicht glauben. Ich *unterstelle ihm ein eigenes Motiv.*

Worte können den Partner streicheln, ihn bestätigen, ihm sagen, dass er nicht nur von außen, sondern auch in seinem Inneren, in seinen Gefühlen so gesehen wird, wie er gesehen werden möchte. Oder aber sie können ihn ängstigen, einschüchtern, kränken, zur Wut reizen, weil sie unter das dringen, was er natürlich und normal findet und anerkannt haben möchte. Sie können körperliche Veränderungen zu Bösem machen (»Du bist fett geworden!«) oder Verhalten negativ zusammenfassen und eine böse Kraft hinter ihm beschreiben (»Du bist kalt und egoistisch«).

In belasteten Partnerschaften wird der Partner mit Angst wahrgenommen, weil er nicht so ist, wie er sein müsste, und womöglich wieder einmal mit einer Realität konfrontiert, die er doch schon längst abgelegt hätte, wenn er liebenswert wäre oder sich wenigstens bemühen würde, es zu werden. In belasteten Beziehungen wird der Partner *erzogen*, es wird ihm klargemacht, wie er sein muss, und in diesem Bestreben wird er als Liebesobjekt unsichtbar.

Es ist eine Binsenweisheit, dass man nicht *nicht* kommunizieren kann. Auch Schweigen ist beredt. Die Ausrede ist verdächtig, der Verzicht auf sie noch viel mehr. Wer vorwurfsvoll Kommunikation einfordert, kämpft gegen die Störung, die er selbst mitbringt. Indem er das Schweigen des Partners nicht respektiert und diesem vorwirft, er sei wohl taub und stumm, macht er sich blind für dessen nichtverbale Signale.

Das Geschehen gleicht den Vorwürfen des Egoismus oder der Rechthaberei: Einem wahren Nichtegoisten und Nichtrechthaber würden der Egoismus und die Rechthaberei anderer Personen nicht auffallen.

Liebe, Macht und Manipulation

Bei einem Spaziergang am 28. Februar sage ich, ehe wir auf einen bereits vom Schnee befreiten Südhang in einem lichten Wald am Seeufer treffen: »Hier müssten doch jetzt die Leberblümchen anfangen zu blühen!« Meine Frau meint: »Dafür ist es doch noch viel zu früh!« Ich suche mit Blicken den Hang ab und finde tatsächlich irgendwo zwischen den vom Frost erschöpften Blättern eine blaue Blüte. Ich zeige triumphierend auf sie, wir freuen uns beide über den Frühlingsboten. Im Weiterdenken wird mir bewusst, wie sehr sich meine Stimmung durch die treffende Voraussage gehoben hat, und ich denke kurz: Solange der Mensch lebt, will er auch recht haben!

Unsere Vorfahren hätten in Dschungel und Savanne nicht überlebt, wenn wir nicht viel schneller und nachdrücklicher auf Gefahren aus der äußeren Welt reagieren würden als auf die Spannungen in unserem Inneren. Aus eben diesem Grund haben die Weisen vieler Völker davor gewarnt, eigene Fehler über der geschärften Wahrnehmung für die Fehler eines Gegenübers zu übersehen. Das in unserem Kulturkreis bekannte Beispiel ist ein Zitat aus der Bergpredigt: »Warum siehst du den Splitter im Auge deines Bruders, aber den Balken in deinem Auge bemerkst du nicht?« (Matthäus 7,3).

Der Wunsch, recht zu haben, ist einer der vielen Aspekte des Strebens, Kontrolle über die Umwelt zu gewinnen. Je radikaler dieses Streben wird, desto mehr läuft es auch Gefahr, ein Gegenüber zu manipulieren, es mit allen Mitteln dazu zu bringen, eigene Erwartungen zu erfüllen. Je mehr diese Manipulationsversuche von Angst diktiert sind, desto größer wird auch die Gefahr, dass sie das Gegenteil von dem erreichen, was gewünscht wird.

Wir hören und stimmen zu, dass die Lebenskunst darauf beruht, den Augenblick hochzuschätzen und sich möglichst des Guten zu erfreuen, das da ist. Wir hören und stimmen zu, dass es darauf ankommt, die Aufgaben zu unterscheiden, denen wir uns stellen: Was durch unsere Mühe gebessert werden kann, packen wir an; was durch unsere Bemühungen aber unverändert bleibt, ja sich verschlechtert, lassen wir sein und sparen unsere Energie für sinnvollere Zwecke.

Es genügen eine Stunde Zeitunglesen, ein Tag in einer Anwaltskanzlei oder in einer psychotherapeutischen Praxis, um uns nachdrücklich darüber zu belehren, dass solche einleuchtenden Grundsätze auf heftige Widerstände stoßen. Politiker belügen ihr Volk und versprechen ihm das Unmögliche, um sich oder ihrer Partei die Macht zu sichern. Eltern sparen keine Energie, um ihre Kinder zu dem zu formen, was sie erwarten, auch wenn sie längst die Erfahrung gemacht haben, dass sie auf diesem Weg immer weniger von dem bekommen, was sie gerne hätten. Ehemänner treiben ihre Frauen durch Forderungen nach mehr erotischer Wärme in den sexuellen Winterschlaf.

Machiavelli warnt im 16. Kapitel des *Principe* den Fürsten davor, zu glauben, er könne Menschen an sich binden, wenn er ihnen zu Beginn seiner Herrschaft möglichst viel von seiner Macht und seinen Reichtümern überlässt. Denn dann werden sich die Untertanen nach kurzer Zeit *mehr* wünschen und – wenn sie es nicht erhalten, weil es nichts mehr zu verteilen gibt – den Fürsten als Geizhals entwerten.

Demgegenüber wird der kluge Fürst seinen Untertanen, sobald er die Macht dazu hat, so viel wegnehmen, wie er es ohne Schaden an seinem Ansehen und ohne sich Feinde zu machen vermag. Dadurch gewinnt er die Möglichkeit, diesen Reichtum seinen Untertanen nach dem Maß ihrer Verdienste zurückzuerstatten. Auf diese Weise wird er als gütiger und großzügiger Herrscher in Erinnerung bleiben.

Wer über der uns eingefleischten Neigung zur Rechthaberei den Humor nicht verloren hat, wird die paradoxe Logik um den Machiavelli-Fehler bestätigen. Es ist in der Tat so, dass Verwöhnung unerwartet oft in Aggression und Entwertung mündet, während ein knausriges, aber gerechtes Regime Frieden und gute Nachbarschaft sichert. Freigiebigkeit, die leutselig wirkt und den Mächtigen angeblich so gut ansteht, wirft einen bösen Schatten, sobald dieser beginnt, Schulden zu machen.

Geiz ist keine Tugend. *Aber aus Furcht, für geizig gehalten zu werden, die eigenen Grenzen zu ignorieren, ist der Beginn vieler Übel,* welche die Beziehungen zwischen Menschen belasten. Ob wir die Privatinsolvenz untersuchen, den totalen Zusammenbruch einer Liebesbeziehung oder die Schuldenkrise eines zivilisierten Staates – immer finden wir dicht an der Wurzel des Übels die Angst, für geizig und kleinlich gehalten zu werden, oder umgekehrt die Sehnsucht, Grenzen zu leugnen und sich Illusionen hinzugeben. Die Haltung des Coachings legt nahe, zwischen *geben*, das wirklich eine Beziehung fördert, und *sich verausgaben* möglichst nachhaltig zu unterscheiden. Ein schlecht gelaunter, erschöpfter Partner, der direkt oder indirekt erwartet, durch Zuwendung aufgetaut und aufgebaut zu werden, wird durch den Hinweis auf die Opfer, die er in der Vergangenheit für die Beziehung gebracht hat, nicht anziehender.

Der Coaching-Aspekt läuft darauf hinaus, nicht nur *sich selbst zu schützen, sondern auch den Partner davor zu bewahren, dass er sich verausgabt,* Verzicht und Geschenk kritisch zu sehen und sie notfalls zurückzuweisen, wenn sie den Eindruck wecken, dass da eine unrealistische Rechnung aufgemacht wird.

Der Machiavelli-Fehler wurzelt in der Illusion, dass Erwartungen erfüllt werden. Der Fürst, welcher alles schenkt, was er hat, lebt in einer Erwartung, die wir symbiotisch nennen dürfen: Er wird durch sein Geben die Beschenkten dazu bewegen, dass sie ihm mit ebenso großer Aufopferung begegnen wie er ihnen.

Erwartungen sind die Tentakel, mit denen unsere Selbstliebe nach der Umwelt greift. Wir haben den ganz einfachen Wunsch, dass sie sich erfüllen, selbst dann, wenn wir gar nicht so genau wissen, wie das aussehen soll. »Mach mich glücklich, ich langweile mich, ich bin deprimiert! Ich liebe dich doch, Liebe heißt, du sorgst dafür, dass es mir gut geht, und wenn es mir nicht mehr gut geht, liegt das daran, dass du mich nicht so liebst, wie ich dich liebe.«

Der »Vietnamheld« Rambo[15] sagt, nachdem er amerikanisches Equipment im Wert von Millionen zerschossen

---

15 Die Rambo-Tetralogie mit Sylvester Stallone in der Titelrolle ist charakterisiert durch das Motiv der Selbstjustiz und der

und einen Diplomaten fast gekillt hat: »Warum liebt mein Vaterland *mich* nicht so, wie *ich* es liebe?«

Die Stabilität einer Paarbeziehung hängt an unbewussten symbiotischen Strukturen. So beobachten Paare, die in einer zweiten Ehe Zuflucht vor dem Wüten eines verlassenen Partners gesucht haben, irgendwann verwundert, wie die zweite Ehe in dem Augenblick an Glanz verliert, in dem sich das Wüten des ersten Partners beruhigt.

Wer solche Fälle analysiert, findet bei mindestens einem der Partner eine traumatisierende Mutterbeziehung, welche sich in der ersten Ehe belebt hat und nun, solange die bösen Mutterbilder in Gestalt des verfolgenden Gatten beziehungsweise der Gattin in der Außenwelt drohen, die Innenwelt des neuen Paars entlasten.

Der Symbiosepartner ist kein realer Mensch, von dem die üblichen zwischenmenschlichen Gefahren ausgehen. Er ist rein und gut; wenn er das aber nicht ist, weckt das heftige Ängste und Aggressionen mit dem Wunsch, ihn zurückzuverwandeln und/oder sich an ihm dafür zu rächen, dass er diese Erwartungen nicht erfüllt.

Symbiotische Nähe, Spaltung und Idealisierung helfen dem Paar, Ängste auszugleichen, die aus früheren Verletzungen kommen. Aber für diese Lösung gilt das Motiv der Fabel, dass die Flucht vor dem einen Übel oft genug in ein anderes, womöglich größeres führt.

---

nachträglichen Heroisierung als Kompensation einer narzisstischen Kränkung (in diesem Fall der schmählichen Niederlage der USA in Vietnam). Der Film basiert auf dem Roman *First Blood*, den David Morell 1972 veröffentlichte.

Abschied von Illusionen

Es gibt unseren Körper doppelt: als Hautoberfläche, die wir von außen berühren können, und als Gehäuse, durch das unsere Aufmerksamkeit wandert und dessen Inneres sie mit Millionen von Nervenfasern abtastet. Normalerweise erlebt wird beide Wahrnehmungsquellen als Einheit und machen uns keine weiteren Gedanken. Das verändert sich jedoch drastisch, wenn uns ein bedeutungsvoller Teil des Körpers abhandenkommt. Dann wird oft deutlich, dass die eine Wahrnehmung – etwa: Das Bein ist weg! – vergeblich gegen eine andere kämpft: Die Zehe juckt, die Wade schmerzt, *obwohl sie doch weg sind*.

Ich will dieses Phänomen der Phantomschmerzen hier nur so weit verfolgen, wie es die Hartnäckigkeit unseres Erlebens (heute wird oft gesagt: unseres Gehirns) belegt, an einmal gewonnenen Bildern festzuhalten. Die Fähigkeit, solche Bilder aufzubauen und an ihnen festzuhalten, hat – ähnlich der Magie – die Aufgabe, die Unsicherheit auszugleichen, welche durch die Weltoffenheit des Menschen entstanden ist. Es schützt vor Ängsten, daran zu glauben, dass der Papa jeden Räuber in die Flucht schlagen kann und die Mutter kein Problem damit hat, Schmerzen wegzublasen. Die biologische Funktion der symbiotischen Illusionen ist es, Ängste zu mildern und Zuversicht herbeizuzaubern. Ohne sie würde uns das Leben weit mehr Angst einjagen.

»Meine Kinder sind die einzigen Menschen, die mich beleidigen können, ohne dass die Beziehung zerbrochen ist und sich nicht wieder heilen lässt. Denen kann ich

wirklich verzeihen; mit den Erwachsenen kann ich dann nur noch sachlich sein, das habe ich mit Mühe gelernt. Früher habe ich mich sinnlos verausgabt, um jedem mehr als meine eigene Kränkung heimzuzahlen!«

Das sagt eine in ihrer Adoleszenz als Borderline-Patientin diagnostizierte, gegenwärtig alleinerziehende Mutter, die ihre früheren Rituale in narzisstischen Krisen – Bulimie, Schneiden – aufgeben konnte.

Die hier sichtbar werdende Wärme steht in einem Kontrast zu der Kälte und Verzweifelung, die andere Partner unter dem Eindruck einer gescheiterten Symbiose erleben. Sie gleichen dem verzweifelten Fürsten in Machiavellis Gleichnis, der sich einen Geizhals und Versager nennen lassen muss, weil er geglaubt hat, er könnte sich durch bedenkenlose Hingabe von jedem Verdacht befreien, an sich und seine Grenzen zu denken.

Der jetzt 50-jährige Universitätsprofessor Max hat vor zehn Jahren Vera geheiratet, deren Abschlussarbeit er betreute. Vera wollte Kinder und sagte auf der ersten gemeinsamen Fahrt in den Urlaub, sie könne sich keinen besseren Vater für diese vorstellen als Max. Max genoss Veras Bewunderung und dachte, es sei an der Zeit, eine Familie zu gründen, wenn er nicht als Junggeselle alt werden wolle.

Vera kommt aus einer angesehenen Familie von Akademikern, Max hat sich aus einer Handwerkerfamilie hochgearbeitet. Er spielte als Student so gut Tennis, dass er am Rand einer Profikarriere stand, und ist als akademischer Lehrer bei den Hörerinnen und Hörern sehr beliebt, wenn er auch im Kreis seiner Kollegen als »schwierig« gilt, weil er nicht zuhören kann und Konflikte oft auf die Spitze treibt.

Als Vera den ersten Sohn gebiert, ist Max überglücklich und richtet ein großes Fest aus, das Vera etwas peinlich ist. Sie sagt aber kein kritisches Wort. Unwillkürlich vergleicht sie Max mit ihrem eigenen Vater, der aus einer bürgerlichen Familie kommt und seine Erfolge immer eher heruntergespielt hat, obwohl sie, objektiv gesehen, eigentlich größer sind als die von Max. Warum will Max ständig gelobt werden, warum kann er nichts tun, ohne nach Anerkennung zu schielen, warum redet er wie ein Wasserfall, um andere zu beeindrucken?

Vera wünscht sich ein zweites Kind. Noch einmal blüht das erotische Leben zwischen beiden auf. Max hätte sich ein Mädchen gewünscht, aber es ist wieder ein Sohn. Er kritisiert Vera jetzt häufiger, weil sie in der Mutterrolle aufgeht und sich nicht dafür interessiert, die gemeinsame Erotik zu pflegen. Je mehr er ihr das vorwirft, desto weniger kann sich Vera durchringen, mit ihm zu schlafen. Sie fühlt sich anfangs schuldig und als Versagerin, ärgert sich aber mehr und mehr darüber, wie Max ihre Leistungen für die Familie klein- und seine großredet.

Max vermittelt Vera in eine Psychotherapie, um ihren Mangel an erotischem Interesse zu behandeln. Er ist überzeugt, dass *ihre* Sexualstörung in der schlechten Ehe ihrer Eltern wurzelt. Vera wehrt sich anfangs, gibt dann aber seinem Drängen nach. Die Behandlung hat jedoch nicht die von Max erwartete Wirkung. Vera beginnt, ihren Ärger über Max ernst zu nehmen. Sie widerspricht ihm und sagt ihm, was sie wirklich in den vergangenen Jahren über ihn gedacht hat. Max fällt aus allen Wolken und schlägt wütend um sich. Ein Jahr später stehen beide vor der Scheidung. Sie suchen ihre Kränkungen vor den Kindern zu verbergen. Max findet Vera eiskalt und die von ihm anfangs vehement geforderte Therapie einen üblen Einfluss. Vera erklärt ihren Rückzug damit, dass sie die ständigen Vorwürfe nicht erträgt, mit denen Max sie verfolgt.

Vera hat zu Beginn der Beziehung alle Vorbehalte gegen Max verleugnet. Max hat ihre Begeisterung und erotische Wärme während dieser Phase als Beginn einer verheißungsvollen Entwicklung gesehen. Wie das Volk des verschwenderischen Fürsten kam er nach den Geburten wieder und wollte mehr. Vera aber hatte nichts mehr zu geben; ihre Aufmerksamkeit galt den Kindern, ihr erotisches Interesse erlosch unter seinen Erwartungen.

Solche Fälle zeigen, wie die Entwicklung einer Beziehung entgleist, wenn narzisstische Projektionen auf das Gegenüber dominieren. Vera und Max ist es nicht gelungen, gemeinsam eine Basis von Ritualen der Anerkennung und Kooperation zu finden. Sie haben erwartet und vorwurfsvoll gefordert (wie Max) oder sich resigniert zurückgezogen (wie Vera), als ihre Erwartungen unerfüllt blieben.

Max ist überzeugt, dass Vera »in Wirklichkeit« so ist, wie er sie sich vorstellt und wie sie anfangs auch war, als sie nichts sagte oder tat, was seinen Vorstellungen widersprach. Er hat ein Bild von Normalität in seiner Partnerschaft, in dem sich Vera nicht verändern darf.

Verliebtheit ist stets verführt, den Machiavelli-Fehler zu begehen. Indem das Gegenüber mir meine Bedürftigkeit »von den Augen abliest«, werden meine Wünsche erfüllt, meine Ängste beruhigt, ohne dass ich mir diese eingestehen und ohne dass ich über sie sprechen muss.

Diese Konstruktion ist fragil. Die Geschichte von Max und Vera zeigt ihren Zerfall unter dem Anprall der Aufgaben einer Triangulierung. Max ist hinter seiner dynamischen Fassade unsicher und darauf angewiesen, dass Vera ihn bewundert und begehrt. Solange sie in ihm den Mann gesehen hat, mit dessen Hilfe sie sich aus dem von ihr als kalt und fordernd erlebten Elternhaus lösen kann, hat sie das in hohem Maße getan und ihre schon früh gegen seine narzisstische Selbstgerechtigkeit keimenden Einwände unterdrückt. Sie hat ihm trotz mancher Bedenken die ideale Geliebte vorgespielt. Solange es üppig mit erotischer Bestätigung und wechselseitiger Bewunderung versorgt war, hat dieses Paar keine Rituale aufgebaut, mit Differenzen und Kränkungen umzugehen. Diese wurden schlicht verleugnet.

Nach der Geburt der Kinder ließ sich dieser Zustand nicht mehr aufrechterhalten. Max fand Vera jetzt »nicht mehr normal«. Vera hingegen kritisierte ihn nicht direkt. Indem sie sich selbst von den Freuden der Erotik abschnitt, schuf sie das Rätsel, dass sie keine Lust habe und auch nicht wisse, warum. Sie sei aber bereit, sich ihm passiv hinzugeben, wenn er das unbedingt brauche. Max war entsetzt: Das wäre ja wie eine Vergewaltigung, da mache er nicht mit.

Vera hatte ihre symbiotische Sicherheit unter der Kritik durch Max verloren. Dieser ahnte nicht, was er bewirkte, als er unterstrich, *Vera sei nicht mehr wie früher.* Er verwandelte sich jetzt für Vera ebenso, wie sie sich für ihn verwandelt hatte: aus einem ihr Selbstgefühl stützenden Partner, dessen erotisches Begehren wie selbstverständlich auch ihr eigenes gewesen war, in eine Erscheinungsform ihrer stets unzufriedenen, entwertenden Mutter.

Max schützte Vera nicht mehr vor ihrer Unsicherheit in Bezug auf ihre Empfindungen. Er verstärkte ihre Ängste und erwartete im gleichen Atemzug mehr Vertrauen und Hingabe. Einmal behauptete er sogar, Vera gleiche inzwischen ihrer eigenen Mutter, über deren Kälte sie sich stets beklagt habe. Vera konnte jetzt nur noch sagen, dass Max übertreibe. Seit sie selbst Kinder habe, verstehe sie sich sogar mit ihrer Mutter besser und könne deren Grenzen einordnen.

An diesem Fall wird auch deutlich, wie sehr sich ein Machtgefälle zu Beginn einer Beziehung rächen kann. Indem Max bewundert und idealisiert wurde, ohne selbst in Vera mehr zu sehen als einen Spiegel seiner eigenen Geltungswünsche, konnten beide nicht die Grundlagen aufbauen, die es gebraucht hätte, um sich austauschen zu können. Max hatte immer recht, Vera gab ihm immer recht, und dieser Zustand wurde von beiden für »normal« gehalten. So gab es, nachdem die bisherige, einseitige Gestaltung der Liebesrituale zusammengebrochen war, auch keine Basis, sich im Aufbau neuer Rituale zu unterstützen.

Die hinzugezogene Therapeutin stärkte Vera und konnte sich vermutlich keinen Eindruck von der Schwäche und Kränkbarkeit von Max verschaffen – übrigens eine charakteristische Gefahr einer nicht familiendynamisch offenen Psychotherapie.

Max konnte so wenig wie Vera inmitten der für beide bedrohlichen Krise über seine Ängste sprechen. Das sei nicht mehr die Ehe, die sie sich bei der Hochzeit versprochen hätten. Vera konnte Max nicht sagen, wie seine Forderungen und seine Unzufriedenheit ihr die Lebensfreude raubten. Sie rechtfertigte sich: Sie habe das ihr Mögliche geleistet, habe ihm sogar angeboten, ihn sexuell zu befriedigen, wenn er das unbedingt haben müsse, mehr könne sie nicht leisten.

Wenn Paare beginnen, über die Frage zu streiten, was »normal« ist, wenn sie Zitate von Freundinnen oder Verwandten in die Debatte mitbringen, hat der Machtkampf bereits die zärtliche Beziehung überwältigt.

»Zärtlich« ist hier ein zentraler Begriff. Das Modell für die Haltung des Coachings ist nicht die Leidenschaft, sondern die Zärtlichkeit, die darauf achtet, Kränkbarkeit, Angst und Schmerz zu respektieren und niemanden durch den Druck von Vorstellungen über das Richtige, das Normale zu schädigen. Wenn Paare von Anfang an darauf achten, dass keiner von beiden sich dem anderen um der symbiotischen Harmonie willen unterwirft, haben sie bessere Chancen, in diese Haltung zu finden und sie zu behaupten. Wer der Forderung nachgibt, zärtliche Gefühle durch einen Anpassungszwang aus verleugneter Angst zu ersetzen, ist ebenso an einem destruktiven Geschehen beteiligt wie jener, der solche Forderungen stellt.

Wenn sich das zweipolige Geschehen bei einem Paar – Mutter und Kind, Mann und Frau, Zwilling und Zwilling – zu einem Dreieck erweitert, entstehen nicht nur neue Ängste, sondern auch neue Entwicklungschancen. Ob die Ängste überwiegen, hängt von den traumatischen Qualitäten früherer, vor allem auch symbiotischer Erfahrungen beziehungsweise von deren Störung ab. Sie entscheiden darüber, ob das grundsätzliche Wohlwollen eines Gegenübers glaubwürdig ist oder nicht. Kinder, die mit verlässlichen Eltern in einer nicht von Katastrophen heimgesuchten Umgebung leben, haben es hier leichter.

Sobald die Triangulierung einsetzt und die Partner beispielsweise wohlwollend beobachten können, wie ein Kind versucht, von der Mama zu bekommen, was der Papa verboten hat, werden wechselnde Bündnisse und geteilte Loyalitäten tragbar. Dritte können sich in den Konflikt zwischen zweien einmischen oder Abstand halten. So darf Unabhängigkeit erprobt werden, ohne dass Rückhalt verloren geht. Das Kind kann sich von einem Elternteil distanzieren und bleibt doch nicht ohne Schutz. Dadurch entstehen innere Räume, in denen es dem Kind möglich wird, sich selbst Geschichten zu erzählen und sich damit vertraut zu machen, dass verschiedene Menschen die gleiche Situation ganz unterschiedlich wahrnehmen.

Die wichtigste Botschaft der Triangulierung an die Symbiose ist, dass es nicht nur möglich, sondern sogar wohltuend ist, ein Liebesobjekt loszulassen und dadurch Platz für eigene Wünsche zu gewinnen. In der Symbiose muss alles gemeinsam sein. Trennung und Untergang der Beziehung sind identisch, daher muss beispielsweise der Partner auch alles Wichtige wissen – was auch bedeutet, dass ich ihn nicht schonen darf, wenn ich erlebe, dass ihn verletzt, was mir wichtig ist.

In der Welt der Triangulierung hingegen bleibt das Gute gut, auch wenn ich mich für Stunden, Tage, selbst Jahre von einem Menschen trenne. Getrennt sein bleibt hier etwas anderes als verlassen werden. Die Möglichkeit, zwischen Liebesobjekten zu pendeln und mehrere von ihnen zu verbinden, wird zu einem Weg, Raum zu schaffen. So hilft die Triangulierung, Gutes im Erleben einer Beziehung zu erhalten und notfalls zu retten, während die Fixierung an die Symbiose dazu verführt, entweder alles Nachteilige zu verleugnen oder – wenn das nicht mehr gelingt – auch das Gute zu entwerten.

Manche kulturellen Traditionen unterstützen das symbiotische Liebesmodell. Das gilt in Europa vor allem für die sakramentale Ehe als Lebensbund, den nur der Tod scheiden kann. In Zeiten geringerer durchschnittlicher Lebenserwartung standen Menschen auch viel seltener als heute vor der Aufgabe, eine Beziehung zu lösen, die zwar viele Jahre gut gewesen ist, aber gegenwärtig nicht mehr trägt.

Wir können Gefahren ernst nehmen und in ihrer Nähe die Wachsamkeit erhöhen – oder aber sie verleugnen und in ihrer Nähe die Illusion steigern, dass sie vielleicht andere treffen, gewiss aber nicht uns. Menschen steigen mit Angstgefühlen in ein Flugzeug und heiraten euphorisch. Aber rund die Hälfte der Ehen stürzen ab, während Flugzeuge nur ganz selten vom Himmel fallen.

Flugzeugabstürze überleben wir selten; Ehescheidungen hingegen werden in rund 95 Prozent der Fälle konstruktiv bewältigt. Ein Paar, das bisher gelernt hat, einander zu unterstützen, wird das in den meisten Fällen auch in einer Trennung leisten können. Dankbarkeit für eine gute gemeinsame Zeit und auch gemeinsame Trauer, dass die Beziehung nicht weiter trägt, erleichtern das Auseinandergehen.

Die Partner können die anstehenden Probleme um die Verteilung des Vermögens gerecht lösen und gemeinsam weiter für die Kinder da sein. Das geht sicher nicht ohne gelegentliche Wut- und Rachegefühle. Die Haltung des Coachings ist aber von Anfang an darauf gerichtet, sich von solchen primitiven Affekten nicht beherrschen zu lassen.

Die Gefahren der Rache

Verliebte sind sich sicher, dass ihnen etwas gehört, was nicht mehr und nichts anderes ist als ihr eigener Glaube, für dessen illusionäre Erfüllung sie jedoch ein Objekt verantwortlich machen. Sie können diese Partner nicht als getrennt wahrnehmen und sich nicht in sie einfühlen, um ihr Verhalten so zu steuern, dass sie nicht immer wieder den gleichen Enttäuschungen begegnen. Besonders krass wird diese Dynamik, wenn die Illusion der Liebe dazu führt, dass man sich an einem Gegenüber rächt, das diese Illusion nicht teilt. Die auffällige Form dieser Störung ist das Stalking. Aber es gibt auch etwas wie das Stalking des Partners, mit dem man Tisch und Bett teilt.

Der attraktive, dunkelhaarige, in der Terminabsprache sehr höfliche Manager beginnt das Vorgespräch für die Paaranalyse mit einer Tirade gegen seine Frau, die sich still hingesetzt und ein Päckchen Papiertaschentücher aus ihrer Handtasche gekramt hat. Er wirft ihr vor, dass sie absolut passiv sei, keine erotische Initiative entfalte, ihm bei den Kindern in den Rücken falle, wenn er einmal versuche, die wenige Zeit, die seine Geschäftsreisen ihm für die Familie ließen, mit seiner Vaterrolle zu füllen.

Er bekomme kein gutes Wort von seiner Frau, keine Zärtlichkeit, es sei so, als gäbe es ihn gar nicht, auch wenn er sich Mühe gebe und am Wochenende den Rasen mähe. Er fühle sich wie ein Fremder im eigenen Haus. Er liebe seine Frau und finde sie attraktiv, aber er wisse nicht, wie lange er das noch ertrage!

Die Partnerin hat einmal versucht, ihn mit der Einrede zu unterbrechen, es sei doch sein Garten, in dem er den Rasen mähe. Sie kann den Satz nur halb zu Ende bringen, bis er sie mit etwas gesteigerter Lautstärke unterbricht. Sie beginnt zu weinen. Der Partner redet weiter. Der Analytiker bittet die Partnerin, über ihren Affekt zu sprechen. »So ist es immer«, sagt sie, »er lässt mich nicht zu Wort kommen, und nachher behauptet er, er habe kein gutes Wort von mir bekommen. Ich will doch nur etwas Ruhe haben, ich will für mich sein, ich will nicht, dass er mich ständig antatscht und bedrängt.«

Später, in einem Einzelgespräch, ist der Ehemann wieder freundlich, höflich, zuvorkommend, hört sich die Situationsanalyse an, nickt, als er von dem Regelkreis erfährt, in dem ein Verfolger behauptet, ohne Verfolgung erbeute er nichts, und eine Beute sagt, ohne Flucht überlebe sie nicht. Ähnlich die Frau im Einzelgespräch. Sie packt keine Taschentücher aus, sie ist nicht stumm, sondern gesprächig, sie berichtet, die Beziehung sei schwieriger geworden, als sie nach dem ersten Kind aufgehört habe, in ihrem Beruf zu arbeiten, sie hätten beide gehofft, nach dem Umzug in das eigene Haus mit Garten und dem zweiten Kind würde es besser. Es sei aber schlimmer geworden; er habe kein Verständnis, wenn sie müde sei, und es sei ihm nicht klarzumachen, dass seine Vorwürfe nicht hilfreich dabei seien, die ihr selbst rätselhafte erotische Leere zu überwinden, die sie bereits nach der ersten Geburt belastet habe.

Wie kommt es, dass die Beteiligten mit einer solchen Hartnäckigkeit an ihren Anklagen festhalten, die in krassem Gegensatz zu ihrer in anderen Lebensbereichen nachgewiesenen Flexibilität und Intelligenz steht? Die Partner können nicht realisieren, dass ihr Gegenüber anders ist als ihre Erwartung, als das Versprechen von Dauer, das sie aus früheren Erfahrungen ableiten. Sie sind überzeugt, wenn sie nicht alles täten, um den früheren Zustand wiederherzustellen, seien sie seelisch vernichtet, hätten sich selbst aufgegeben, seien nicht liebenswert.

Die Verlustangst ist ein überlebenswichtiger Affekt. Entsprechend mächtig und hartnäckig bestimmt sie unser Erleben. Sie kann zu selbstzerstörerischen Aktionen führen. Aus Angst, in ihrer territorialen Bedeutung verkleinert zu werden, riskieren Staatsmänner mörderische Kriege; aus Angst, emotionales Terrain preiszugeben, verwickeln sich Eheleute in Kämpfe, die beide Seiten sehr viel mehr kosten als eine gütliche Einigung.

Wer solche Ereignisse beobachtet, versteht ihre scheinbare Unentrinnbarkeit besser, wenn er sich an den Angstmechanismus erinnert, mit dessen Hilfe unsere Vorfahren in der Savanne überlebt haben.

Das neugierig und entspannt seine Umwelt erobernde Kind verwandelt sich radikal, wenn es eine leise Angst nicht dadurch beruhigen kann, dass es sich der Präsenz der Mutter vergewissert. Es konzentriert sich jetzt mit allen Seelenkräften auf die Aufgabe, den drohenden Verlust abzuwehren. In diesem Repertoire spielt der psychische Mechanismus der *Rache* eine wichtige Rolle, dessen Bedeutung für Liebesbeziehungen meist unterschätzt wird.

Um die Verwandlungen von Liebesobjekten zu verstehen, ist ein Blick auf die unterschiedlichen Reaktionen kleiner Kinder sehr hilfreich. Das Ur-Modell der menschlichen Beziehung ist das Schreien des Säuglings, welches die Mutter herbeiruft, die das Kind nun »stillt«. Das Gelingen dieser Interaktion festigt das Selbstgefühl der Beteiligten.

»Schreikinder« lassen sich nicht in einer Weise stillen, die den Beteiligten »normal« erscheint. Und sie werden in einer psychologisch aufgeklärten Welt, in der frühere Praktiken (sie einfach schreien zu lassen, sie mit alkoholischen Getränken oder Mohnsaft zu betäuben) nicht mehr zulässig sind, zum gravierenden Problem.

Während manche Mütter die Stillzeit als große Erhöhung ihres Selbstgefühls beschreiben, berichten andere, dass sie sich durch das Schreibaby total überfordert und an ihre Grenzen gebracht fühlten. So schlecht wie damals sei es ihnen weder vorher noch später gegangen.

Die Unruhe des Schreibabys hat wohl zum Teil genetische Ursachen; interessanter ist aber die Interaktion, die diese Unruhe verstärkt. Zu dem »normalen« Kind kommt die in ihrer Normalität bestätigte und sich sicher fühlende Mutter gerne. Von dem Schreikind hingegen fühlt sich die Mutter infrage gestellt, getadelt, verkannt und schlecht behandelt. Sie kommt daher widerwillig.

Wenn das Kind diese Zeichen deuten kann, wird es durch sein Schreien versuchen, aus der ablehnenden, ungern kommenden Mutter wieder die liebende Mutter zu machen, die gerne kommt. Gleichzeitig drückt das Schreien aber auch die Wut darüber aus, dass die Mutter »falsch« ist. Es soll durch seine Hartnäckigkeit die »richtige« Mutter herbeirufen, erzeugt aber die »falsche«.

Mutter und Schreibaby verwandeln sich gegenseitig in das, was ihnen das Leben schwer macht. Ähnliche Prozesse prägen auch die Liebesbeziehungen Erwachsener. Der Ehemann bedrängt seine Partnerin in einer Weise, die ihr vermittelt, dass *sie* nicht »normal« sei und seine sexuellen Wünsche auf grausame Weise ignoriere. Sie hält ihm entgegen, dass *er* nicht »normal« sei, sondern sexsüchtig und entweder die Ursache ihrer Lustlosigkeit oder unfähig, deren Rätsel zu lösen.

Auch im bedrängenden Verhalten des Ehemannes spielen Racheimpulse eine unbewusste Rolle. Sie sollen die »falsche«, reale Partnerin zerstören, um der »richtigen«, die er doch einmal erlebt hat, wieder die Oberhand zu geben. Aus der Wurzel der Rache kommt der Einsatz von Aggression, Wut und Unlustäußerungen als *Zeichen*; ihr Sinn ist die Zerstörung des bösen Objekts, um das gute Objekt zurückzugewinnen.

Die Analyse solcher Fälle lehrt, dass hier etwas wiederholt wird. Partner, die sich gegen ihre ökonomischen Interessen aneinander rächen, weil ihre Liebeserwartung unerfüllt bleibt, setzen den Partner einem Leid aus, das ihnen selbst widerfahren ist.

Wenn ein Zweijähriger wütend weint und das ihm von der Mutter vorbereitete Butterbrot zurückweist, weil sie es ungefragt auf andere Weise zerschnitten hat, als er es erwartet hat, sehen wir den Rachemechanismus in einer frühen und noch harmlosen Gestalt. Die Mutter hat alles richtig gemacht bis auf eine Kleinigkeit; das Kind reagiert mit totalem emotionalem Einsatz, um ihr zu verdeutlichen, dass es genau verstanden und in seinen eigenen Gedanken respektiert werden will.

Diese Szene lehrt uns zwei Dinge über die Verwandlung von Liebe in Rache: Einmal hängt diese mit einer *Distanz* zu den primären Trieben zusammen. Ein ausgehungertes Kind hätte keinen Gedanken daran verschwendet, in welcher Weise geschnitten sein Brot auf den Teller kommt. Und zum Zweiten kann Rache nicht differenzieren: Sie schont die eigenen Energien so wenig wie gemeinsame Interessen.

Wenn der Zweijährige keine Skala des Beleidigtseins kennt, schütteln wir lächelnd den Kopf. Wir verstehen, dass es für ihn keine kleinen, mittleren und katastrophalen Kränkungen gibt, sondern nur Harmonie oder Katastrophe.

Erwachsene Rächer sind jedoch nicht einsichtiger. Rache mobilisiert ein *Zeichen*, um die Angst vor dem unwiederbringlichen Verlust einer narzisstisch besetzten Situation zu bekämpfen.

Das symbiotische Gegenüber wird durch projizierte Aggression als hochgefährlich erlebt und sozusagen vorbeugend vernichtet, ehe es sich selbst rächen kann. Die Angst vor dem Verlust eines geliebten Menschen kann ebenso zerstörerische Rache wecken wie die Angst, nie einen sicheren Ort in der Gruppe der Altersgenossen zu gewinnen.

Die Szene mit dem Zweijährigen, dessen Brot anders geschnitten wurde als erwartet, signalisiert noch eine zweite Qualität der Angst, die durch das Rachesignal bekämpft wird: die *Verletzung der Ordnung*. Wenn ein unschuldig Eingekerkerter nach seiner Befreiung seinerseits die Schuldigen verfolgt und zur Strecke bringt, stellt er auf diese Weise eine Ordnung wieder her, die durch Intrige und Denunziation infrage gestellt war.

Ordnung mildert Ängste, und Rache sichert Ordnung. Kontrollierte Rache des Staates an allen, die seine Gesetze verletzen, finden wir normal. Sie sichert die »öffentliche Ordnung« auf dem Weg einer Zeichen-Setzung, welche die Wachsamkeit und Unnachgiebigkeit der Staatsmacht unterstreicht. Und es ist selbst strafbar, dem Schuldigen eine verdiente Strafe zu ersparen (Strafvereitelung).

Auch eine moderne Rechtssprechung hält in modifizierter Form am Rachegedanken fest. Vermutlich ist gegenwärtig der modifizierte und gemäßigte Gedanke der strafenden Vergeltung noch unvermeidlich, um ärgere Rückschritte (wie die Wiedereinführung der Todesstrafe) zu verhindern.

Festzuhalten bleibt, dass der Umgang mit den Racheimpulsen in den hoch entwickelten Gesellschaften ein *Glaubensartikel* ist. Die Fantasie, dass uns nur die kontrollierte, systematische Rache des Staates an Gesetzesbrechern vor dem Chaos bewahren kann, hat zwar das Übel der Privat- und Blutrache überwinden können, verweigert sich aber den längst möglichen psychologischen Differenzierungen.

Die Haltung des Coachings beruht auf der Einsicht, dass Rache zu nichts Gutem führt. Ordnung und Gerechtigkeit büßen an Wert ein, wenn sie sich in den Dienst der Rache stellen lassen. Zugleich schützt beharrliches Festhalten an gerechten Lösungen davor, dass Liebende sich überfordern und dass unangemessene Erwartungen an Dankbarkeit wuchern.

Die Haltung des Coachings beharrt darauf, dass Liebesbeziehungen enden können und sich niemand schämen muss, wenn er an diese Möglichkeit denkt. Es festigt die Liebe, dafür zu sorgen, dass sich niemand kleinlich fühlt, weil er sich vor ihrem Ende und vor den daraus womöglich wachsenden Aggressionen fürchtet.

Dazu gehört es auch, wirtschaftliche Folgen einer Trennung möglichst klar zu regeln. Wenn ein Partner hier nicht für sich oder nicht für sein Gegenüber sorgt, sollte der oder die andere nach einer gerechten Lösung streben und sich weder ausnützen lassen noch nach ungerechten Vorteilen streben.

Partner in symbiotischen Zuständen machen sich oft nicht klar, dass ein Gegenüber, das Gesetz und Vertrag als kalt und lieblos entwertet, der eigenen Wärme unsicher ist. Ein Bekenntnis zur Unvernunft ist kein Beweis für Hingabe und Gefühlsstärke, im Gegenteil.

Nach 20-jähriger Ehe hasst sie ihren Mann so unsäglich, dass sie wegen Durchfall und Herzrasen kein gemeinsames Treffen mit ihm und den Anwälten erträgt. In dem Streit geht es um ein Haus, das sie auf dem Grundstück, das seinen Eltern gehört, geplant und mit viel Eigenleistung gebaut haben. Sie war in ihrer eigenen Mutterbeziehung unglücklich und wollte unbedingt seine Eltern als die besseren Eltern haben. Den frühen Ärger über die herablassende Art der Schwiegermutter sowie die Passivität und die Anhänglichkeit ihres Ehemannes an diese Mutter hat sie unterdrückt.

Der Ehemann ist voller Anerkennung dafür, dass sie so tüchtig ist und mehr Geld verdient als er.

Dann ist der erste Sohn schwierig und kommt in der Schule nicht gut mit. Die Schwiegermutter ist überzeugt, dass die Erziehung ihrer Schwiegertochter schuld ist, wenn sich der Enkel nicht konzentrieren kann. Sie warnt ihren Sohn. Seine Frau sei sonderbar, es könne sein, dass sie verrückt werde, er solle zusehen, dass er das Vermögen in Sicherheit bringe. Sie ist jetzt oft so wütend auf die Nachgiebigkeit ihres Mannes gegenüber seiner Mutter, dass sie jede Lust auf Zärtlichkeit und Nähe mit ihm verliert. Er ist beleidigt und sucht Bestätigung bei der Mama, die im Nebenhaus wohnt. »Du hast meiner Mutter nie eine Chance gegeben«, sagt er manchmal. »Sie schreit mich wenigstens nicht an!«

Nach einem Streit zieht sie aus. Sie möchte die Wohnung möblieren, in der sie jetzt mit ihren Kindern leben wird. Die Scheckkarte ist gesperrt. Ihr Mann hat ihr die Vollmacht über sein Konto entzogen, jenes »gemeinsame« Konto, das er ebenso wie das »gemeinsame« Haus »vergessen« hat, auf sie umzuschreiben. Sie muss prozessieren. Ihre Position ist nicht günstig. Ihr Exmann wird von den Schwiegereltern unterstützt. Es stellt sich heraus, dass das Grundstück samt Haus nach wie vor den Schwiegereltern gehört. Sie hat nicht einmal Chancen, Ansprüche für ihre Arbeit an dem während ihrer Ehejahre gebauten Haus durchzusetzen: Alles verjährt.

Ayzet ist eine sehr begabte Geschäftsfrau. Sie hat ihren Freund Gerhard nicht geheiratet, weil seine Familie der Ehe mit einer Muslima ebenso kritisch gegenübersteht wie ihre

Eltern der Ehe mit einem Nichtmuslim. Aber sie haben zusammen ein Kind, und obwohl die Firma, die sie zusammen mit Gerhard aufgebaut hat, im Handelsregister auf seinen Namen eingetragen ist, hat Gerhard immer gesagt, das sei eine reine Formalität, alles gehöre ihnen gemeinsam, sie habe eben noch nicht die deutsche Staatsbürgerschaft. Die Firma gedeiht, Ayzet ist für die wirtschaftliche Seite verantwortlich, Gerhard für die Technik.

Dann entdeckt Ayzet, dass Gerhard eine Geliebte hat. Sie verlangt von ihm, dass er auszieht. Er will alles dafür tun, dass sie nach außen weiter Partner sind, er bittet Ayzet dringend, den Geschäftsfreunden nichts von der Trennung zu sagen, und er teilt sich die Versorgung des inzwischen achtjährigen Sohns mit Ayzet. Es gibt immer wieder Streit, weil sich Gerhard beklagt, dass Ayzet nicht dankbar sei für ihr hohes Gehalt und die selbstbestimmte Arbeitszeit. »Du zahlst mir keinen Cent für das Kind und keinen Unterhalt, was soll das, es ist unsere Firma!«

Nach vier Jahren erfährt Ayzet, dass Gerhard die Firma verkauft hat. Er will ihr nicht sagen, wie viel er dafür bekommen hat, aber sie schätzt: über eine Million. Sie verliert ihren Arbeitsplatz. Ayzet konsultiert einen Anwalt. Dieser rät ihr, Gerhards Angebot anzunehmen, ihr eine kleine Abfindung zu zahlen. Er verstehe ihr Empfinden, dass ihr die Hälfte des Betrags zustehe. Aber das Prozessrisiko sei zu hoch.

Wenn sich ein Paar in guten Tagen auf die Gefahren der Trennung vorbereitet, müssen sich beide von einer Illusion verabschieden. Dass sie sich diese Kränkung zumuten können, ist ein gutes Zeichen. Sie können den schmerzlichen Verzicht auf die Vorstellung leisten, dass sozusagen einem gemeinsamen Größenselbst *alles* gehört. Das Coaching des Partners in der Trennung scheint erst einmal nicht viel mit Liebe zu tun zu haben – die Trennung zeigt ja, dass die Störungen der Nähe den Wunsch nach ihr überwiegen.

Aber das bedeutet nicht, die Suche nach konstruktiven Lösungen aufzugeben und die Zusammenarbeit aufzukündigen. Sie orientiert sich nur jetzt anders: nicht mehr an der Liebe, sondern an Gerechtigkeit und Gesetz. Es geht dabei einerseits darum, dem Expartner nichts wegzunehmen, was ihm zusteht, aber auch darum, nicht durch eine selbstschädigende Großzügigkeit so zu tun, als seien Expartner und Expartnerinnen es nicht wert, dem gekränkten Ich Genugtuung zu leisten.

Reden wie »Ich überlasse dir alles, ich will nichts für mich, du kannst alles haben« wirken tugendhaft und bescheiden. Aber sie zeigen in erster Linie die Verleugnung der Trennungsrealität. Sie setzen sich dem mühevollen Prozess nicht aus, aus dem zu einem grandiosen Gebilde verschmolzenen Paar zwei Einzelne zu schaffen, die respektvoll miteinander umgehen. Wer solche grandiosen Geschenke annimmt, entzieht sich der Coaching-Aufgabe so gut wie ihr Geber. Wichtig ist die Suche nach einer gerechten Lösung, bei der beide Seiten das eigene und das Interesse des Gegenüber abwägen.

Der Ehevertrag vor der Trauung bereitet das Paar darauf vor, sich für das kleinere Übel zu interessieren und nicht nur für das große Ideal, dessen Grenzen und Gefahren verleugnet werden müssen. Der konstruktive Umgang mit der Trennung schützt das Selbstgefühl vor der Vorstellung, es gäbe Schuldige und Opfer – einer Vorstellung, die mindestens Teile der Realität verleugnet und auch die folgenden Beziehungen belastet. Nur wer den eigenen Anteil am Scheitern einer Liebe wahrnehmen und ertragen kann, wird aus diesem Prozess lernen.

Wenn diese Unterstützung auch im Auseinandergehen nicht gelingt, gleicht das seelische Terrain nach der Trennung einem Rückzugsgebiet, in dem beide Seiten vermintes Gelände hinterlassen. Die nächste Liebe wird ihre Unbefangenheit in dem Augenblick einbüßen, in dem eine dieser Minen explodiert, ausgelöst durch die Bewegung eines Gegenübers, das nicht ahnen kann, dass Dynamit aus einem verleugneten Krieg liegen geblieben ist.

Sven und Anja haben anfangs ihre Beziehung als Super-Chance gesehen. Anja hatte Sven in der Tanzstunde am Gymnasium kennengelernt. Später verloren sich beide aus den Augen. Sie heirateten andere Partner und bekamen Kinder, die jetzt im Schulalter sind. Anja trennte sich schon früh von ihrem Mann, einem unzuverlässigen Marokkaner, der seither wieder bei seinen Eltern in Rabat lebt und nie Unterhalt für ihre gemeinsame Tochter gezahlt hat. Er freut sich sehr, wenn die beiden einen Urlaub in seiner Heimat verbringen, aber Anja muss dann jedes gemeinsame Essen und den Leihwagen bezahlen.

Sven lebt in einem Scheidungskrieg, als er Anja auf einem Fest in ihrem Heimatort wiedertrifft. Beide entdecken, dass sie jetzt in der Hauptstadt leben und frei sind für die Gründung einer Patchworkfamilie.

Sven bewundert an Anja, wie sie ihr Leben als berufstätige Frau mit Kind ohne Unterstützung bewältigt. Anja unterscheide sich vorteilhaft von seiner Exehefrau, die nur Mode im Kopf habe und sich in seinen Augen nicht um die Erziehung ihrer beiden Söhne kümmert.

Anja bewundert, wie tüchtig Sven ist. Zum ersten Mal erlebt sie einen Urlaub, in dem ihr männlicher Begleiter stets der Erste ist, der eine Kreditkarte hervorzaubert und unbedingt zahlen will. Zärtlich sagt sie, Svens Exehefrau müsse entweder dumm oder pervers sein, um mit einem Liebhaber, wie er es sei, nicht glücklich zu sein.

Bald heiraten die beiden und ziehen in ein gemeinsames Haus. Sven übernimmt die Miete, Anja kauft das Essen ein, beide erziehen gemeinsam Anjas Tochter und die beiden Söhne, die am Wochenende kommen. Doch jetzt trüben Kränkungen die Harmonie. Es gibt Streit.

Während Anjas Tochter Sven gut findet und sich über jede Aufmerksamkeit von seiner Seite freut, ist der ältere der beiden Söhne ausgesprochen schwierig. Er will sich von Anja nichts sagen lassen, kritisiert das Essen, das sie kocht, die Einschränkungen von Fernseh- und Internetkonsum, die sie verhängt. Er ist bald trotzig, bald weinerlich. Die Szene eskaliert, als er eine spöttische Grimasse schneidet, während Anja mit Sven beim Abendessen über solche Fragen verhandelt. Anja schickt ihn ohne Nachtisch ins Bett – sie lasse sich doch in ihrem Haus nicht beleidigen! Sven zieht los, um den weinenden Sohn zu trösten.

Anja weint, als er zurückkommt. »Ich habe mich noch nie so elend gefühlt«, sagt sie. »Dein Sohn hasst mich, und du liebst mich nicht mehr!« – »Er ist doch jetzt unser Sohn«, versucht Sven zu trösten, »so wie deine Tochter unsere Tochter ist.« – »Immer geht es um die Kinder«, schluchzt Anja. »Und wann komme ich dran?«

»Jetzt bist du genau so wie meine Ex«, sagt Sven. »Die hat auch immer nur an sich gedacht.«

Sven verleugnet die Kränkung in seiner ersten Ehe durch die pauschale Entwertung seiner Partnerin. Er hat alles richtig gemacht, sich aber die falsche Frau ausgesucht. In Anja hat er die Richtige gefunden! Diese primitive Idealisierung kippt in eine ebenso vollständige Entwertung, wenn Anja beginnt, Sven infrage zu stellen. Ihrerseits hat Anja die Probleme unterschätzt. Die Erwartung, wenn ihre Tochter Sven angenommen habe, müsse Svens Sohn auch sie annehmen, hat sich nicht erfüllt. In dem Anspruch, nach dem Scheitern der ersten Ehen die zweite »erfolgreich« zu führen, verlieren die Partner den Sinn für die Wirklichkeit. Statt dass sie sich freuen, dass die Patchworkfamilie immerhin von *einem* Kind gut aufgenommen wurde, wird dieser »Erfolg« sogleich zum Maßstab gemacht.

6. Liebesrituale erkennen und entwickeln

Errungenschaften wie Werkzeuggebrauch und Sprache nennen wir »Universalien«, weil sie sich in jeder bekannten menschlichen Kultur finden. Zu diesen Universalien gehören auch soziale Muster, die ebenfalls festgehalten werden: Institutionen (wie die Ehe oder das Wissen um Verwandtschaft) und *Rituale*.

Während die Zweckmäßigkeit von Werkzeug und Grammatik ohne Weiteres einsichtig ist, sind Rituale schwer zu entschlüsseln. Sie tragen Widersprüche in sich, die sie gleichzeitig kostbar, ja einzigartig machen. Während eine Axt oder ein Messer in allen Kulturen gemeinsame Merkmale haben und ihr Gebrauch jedem Betrachter einleuchtet, ist es bei den Ritualen oft ganz anders. Was mir normal, selbstverständlich, die einzig richtige und würdige Art erscheint, mit einer Situation umzugehen, wird von anderen für abscheulich gehalten.

»Wenn man alle Völker der Erde aufforderte, sich unter den verschiedenen Sitten die trefflichsten auszuwählen, so würde jedes nach genauer Untersuchung doch die eigenen allen anderen vorziehen. So sehr ist jedes Volk überzeugt, dass seine Lebensformen die besten sind ... Dass alle Völker so in Sitten und Bräuchen denken, zeigt unter genügend anderen folgendes Beispiel: Als Dareios König war, ließ er einmal alle Griechen in seiner Umgebung zu sich rufen und fragte sie, um welchen Lohn sie bereit wären, die Leichen ihrer Väter zu verspeisen. Die aber sagten, das würden sie um keinen Preis tun. Hierauf rief Dareios die Kalatier, ein indisches Volk, die die Leichen der Eltern essen, und fragte sie in Gegenwart der Griechen, denen ein Dolmetscher das Gesprochene erklärte, um welchen Preis sie sich wohl dazu verstehen würden, die Leichen ihrer Väter mit Feuer zu verbrennen. Die aber schrien laut auf und sagten, er solle nicht so gottlos reden. So gelten nun diese Bräuche, und Pindar scheint mir Recht zu haben, wenn er sagt, dass die Sitte (nomos, manchmal auch als »Gesetz« übertragen) als König über alle herrsche.«

So Herodot (Historien 3,38). Rituale sind demnach unterscheidungskräftiger als Sprachen und Dialekte: Diese lassen sich übersetzen, während Rituale exklusiv und nicht übertragbar sind. Sie scheinen ihren Sinn in sich zu tragen, sie sind Endpunkte einer Entwicklung. Viele Sprachen sind untergegangen, aber die Menschen, die ihre ursprüngliche Sprache verloren hatten, haben sie sogleich durch eine neue ersetzt, die ihren Interessen besser diente. Rituale hingegen können spurlos und ohne Ersatz verschwinden.

Die Aufgabe von (Liebes-)Ritualen ist es, Ängste zu binden, die durch Ungewissheit in Beziehungen entstehen. Das hat sich in den alltäglichen Ritualen des Grüßens praktisch überall durchgesetzt: Der Gruß ritualisiert friedliche Absicht. Wer die leere Hand reicht, trägt keine Waffe in ihr; das Abnehmen des Hutes erinnert daran, dass dieser Hut einst ein Helm war und den Kopf wappnete.

Entritualisierung gehört in die Metropolen. In der Großstadt wird es üblich, Menschen wie Sachen zu behandeln, wie Hindernisse, die im Weg stehen und denen ich ausweiche wie den Bäumen im Wald. Auch das kleinste Grußritual würde angesichts der immensen Menschenmengen zu viel Zeit kosten. Neugieriges Schauen in ein fremdes Gesicht genügt, um Abwehr, ja Aggression auszulösen. Solange die U-Bahn fährt, der Aufzug nicht stecken bleibt, senken die Passanten den Blick und bleiben anonym. Erst wenn die Technik versagt, nehmen die Betroffenen Kontakt auf, lernen sich kennen, unterstützen sich.

Dass wir überhaupt die *Wahl* haben, Menschen wie Menschen *oder* wie Sachen zu behandeln, ist eine menschliche Eigenart. In der Großstadt entsteht durch die vielen Menschen, die ständig unterwegs sind, vielfach ein Grundgefühl von Sicherheit und Geborgenheit.

Diese Schutzfunktion mischt sich aus realen und imaginären Elementen. Einerseits sind die anonymen Beobachter tatsächlich ein Schutz vor Übergriffen; anderseits wird ihnen diese Leistung vor allem auch zugeschrieben. Sozialpsychologen haben herausgefunden, dass *viele* Beobachter einer Gewaltszene sogar seltener eingreifen als *wenige*, vermutlich weil jeder denkt, ein anderer könne doch das Risiko auf sich nehmen. Meist enthält ein nächtlicher Wald objektiv weniger Gefahrenquellen als eine Großstadt am Tag; dennoch fühlen sich die meisten Menschen dort ängstlicher. Die Metropole überzeugt ihre Bürger sinnlich und irrational, sie hätten die Umwelt unter Kontrolle; der nächtliche Wald raubt diese Überzeugung, unabhängig von jeder Risikostatistik.

Das Gestaltgebet

Ein in den 1960er- und 1970er-Jahren sehr populäres »Gebet« von Fritz Perls[16] (einem der Begründer der Gestalttherapie[17]) treibt die Entritualisierung auf die Spitze. Erwartungen werden gekappt: *Ich bin nicht auf dieser Welt, um nach deinen Erwartungen zu leben.* Das Ritual wird, wie ein reparaturbedürftiges Hemd, auf links gewendet. Nur wenn es aufgegeben und seine Existenz geleugnet wird, kann der flüchtige Schmetterling Glück sich niederlassen. *Und wenn wir uns zufällig finden – wunderbar*, gleich gefolgt von Resignation: *Wenn nicht, kann man auch nichts machen.*

Dieses »Gebet« hat seinen sozialgeschichtlichen Ursprung in der Selbsterfahrungsbewegung, die in den 1960er-Jahren die Restauration nach dem Zweiten Weltkrieg ab- und auflöste. Solange eine Gruppe keine andere Aufgabe hat, als sich mit den Gefühlen und Beziehungen zu beschäftigen, die in der freien Begegnung unterschiedlicher Menschen entstehen, entspricht ihre Maxime der Grundregel Freuds – »Alle Einfälle sind frei« – und wendet sie ins Soziale.

Die Frage bleibt offen, ob die Erwartungen wirklich *gemeinsam* sind oder ob sie den narzisstischen Anspruch markieren, eine Liebesbeziehung erweitere das eigene Selbst zu einer grandiosen Einheit. Ein Teil der

---

16 *Gestalt Therapy Verbatim*, Lafayette 1969.
17 Die Gestalttherapie verknüpfte Einsichten der Gestaltpsychologie von Kurt Lewin und anderen mit der Psychoanalyse und dem Psychodrama.

Problematik ist ohnehin nicht zu lösen. Wer das Gestaltgebet zitiert, formuliert hart und klar eine *Erwartung* – nämlich die an die *Erwartungslosigkeit* der anderen.

Fritz Perls hat Beziehungen beobachtet, die Nähe normieren wollen und durch das Bestreben, sie ganz sicher zu haben, das Ersehnte zerstören. Die Selbsterfahrungsgruppe galt damals als soziales Experiment, befreites Gebiet, realisierte Alternative zum »Establishment« und zu dessen Ritualen. Andere trieben die Entritualisierung noch weiter, etwa der Harvard-Psychologe Timothy Leary,[18] der zu diesem Zweck halluzinogene Drogen wie LSD propagierte. Sein Slogan *turn on, tune in, drop out* wurde zu einem Motto der Hippie-Bewegung. Leary schien Psychotherapie zu langwierig. Mithilfe der »psychedelischen« Drogen sollte das Gehirn schneller von alten Ritualen befreit und neu programmiert werden.

In traditionellen Gesellschaften werden Beziehungsrituale durch äußeren Halt aufgebaut und gestaltet. Wie bei Immigranten, die ihre Muttersprache aufgeben, ohne die Sprache ihrer neuen Heimat zu beherrschen, fehlt vielfach der traditionelle Halt, ohne dass die Individuen sich aufraffen können, in neue Gemeinsamkeiten zu finden. Die Beziehungen haben sozusagen ihr Außenskelett verloren und das Innenskelett der gemeinsam erarbeite-

---

18 Leary kam aus einer sehr konservativen Familie. Sein Vater wollte, dass sein Sohn eine Karriere als Berufsoffizier in West Point anstreben solle; Leary trat mit 20 Jahren in die Kadettenschmiede ein, wurde aber bald nach einem Disziplinarverfahren wieder entlassen.

ten, persönlichen Rituale noch nicht aufbauen können, welche ihre Symbiose festigen, ohne dass sie ihre Autonomie völlig verlieren müssten.

Beispielsweise erwartet die Frau, dass der Mann die Führung übernimmt. Das war doch früher auch so, und es ist angesichts der eigenen Unsicherheit einfacher für sie. Sie behält sich aber vor, seine Aktivitäten zu kritisieren und ihn mit besseren Männern zu vergleichen. Der Mann zieht sich nun zurück und redet sich ein: Wenn sie ihn schon kritisiere, dann solle *sie* es doch besser machen, er tue jetzt erst einmal gar nichts mehr.

Eine typische Beziehungsdynamik der Moderne ist die Leere, die sich ausbreitet, wenn ein Paar nichts mehr aufzubauen hat, sondern vor der Aufgabe steht, das bereits Aufgebaute zu genießen. Die Ehekrise lässt oft nicht lange auf sich warten, wenn die Familienplanung (ein harmlos-unheimliches Wort) abgeschlossen und das Eigenheim fertig ist.

Die jetzt auftauchenden Wünsche nach Lohn, nach Genuss, nach Entspannung sind für die Partner oft schwer greifbar. Sie werden zu Vorwürfen.

Immer denkst du an Arbeit, aber ich möchte, dass wir jetzt endlich in einen schönen Urlaub fahren.

Mach ich gerne mit.

Aber ich will das nicht immer organisieren müssen. Dir fällt einfach nichts Schönes ein für uns beide!

Sag mir halt, wo es dir gefällt!

Aber ich will doch wissen, was dir Freude macht!

Wir waren doch bis jetzt immer ganz zufrieden, wenn wir im Urlaub waren.

Aber das ist mir zu wenig, dass du immer nur mit-machst!

Dir kann man es wirklich nicht recht machen. Dann bleiben wir eben zu Hause, im Garten gibt es viel zu tun!

In der Leistungsgesellschaft lassen sich Aufbauarbeiten viel eher kooperativ gestalten; die Auseinandersetzung mit der Außenwelt ersetzt dem Paar die innere Entwicklung. Nur wenn es darum geht, sich für die Mühe zu belohnen, wachsen Spannungen und Rivalitäten, welche den Wunsch nach Frieden, Genuss und Harmonie zugleich heftiger werden lassen und von den Möglichkeiten seiner Erfüllung abschneiden.

Die Liebe in Zeiten der Angst

Es ist eine spannende Frage, warum die Konsumgesellschaften heute ein derart gesteigertes Bedürfnis nach Angstreizen haben. Aus der Trivialkultur sind maskierte Mörder, Werwölfe und durch ein Virus in Zombies verwandelte Menschenmassen nicht wegzudenken. Der Vampir[19] hat eine steile Karriere gemacht, seit er in Hollywood gelandet ist, er ist schrecklich schön geworden und beherrscht ganze Parallelwelten.

---

19 »Das Kapital ist verstorbene Arbeit, die sich nur vampirmäßig belebt durch Einsaugung lebendiger Arbeit und um so mehr lebt, je mehr sie davon einsaugt«, heißt es im ersten Band des *Kapital* von Karl Marx.

Die Faszination durch die Ungeheuer der Tiefe hängt mit dem ausgeprägten Bedürfnis nach einer romantischen Symbiose, nach gänzlich angstfreien Beziehungen zusammen. Das gilt für Eltern und Kinder ebenso wie für die Liebenden. Gewalt und Drohungen sind in der Realität verpönt, in den Medien begehrt.

Solange Krieg und Gewalt zum Alltag gehörten und der Tod die Menschen viel früher ereilte als heute, war es eines der wichtigsten Themen der Literatur, den Drachen zu erlegen und die Jungfrau zu retten. Es ist eine ödipale Szene, ins Mythische übertragen: Das Böse wird bekämpft, das Gute gerettet.

In den aktuellen Mythen *verwandelt* sich das begehrte Objekt – manchmal entpuppt es sich als Vampir, in den meisten Fällen aber zerfällt es, verliert an Anziehungskraft und infiziert mit dieser Kraftlosigkeit auch den Helden.

Die Ungeheuer der Tiefe, welche durch die feste Bindung in sicheren Abstand gerückt und unter die Oberfläche gebannt wurden, erwachen angesichts der Gefahr für die Symbiose.

Sie sind vielfältiger, bizarrer als Sicherheit und Tugend – so wie auch fast jeder Betrachter auf den mittelalterlichen Darstellungen des Jüngsten Gerichts oder in Dantes *Divina Commedia* die Hölle interessanter findet als die Engelschöre des Himmels. Das belegt und erläutert das arge Dilemma des Menschen: dass er aus dem Sicheren wegwill ins Unsichere und sich dann aus dem Unsicheren zurücksehnt in die Sicherheit.

Menschen sind viel begabter, sich Szenen der Angst auszumalen als Szenen der Ruhe. Wie viele aufregende

Geschichten von Schmerzen, Unfällen, Krankheiten und Todesfällen werden uns erzählt – und wie gleichförmig sind die Tage, in denen wir gesund sind, arbeiten, Sex haben und essen. Auf vielfältige Weise kann uns unser Körper quälen – was räkelt sich nicht alles in den purpurnen Tiefen der blutgefüllten Nervenzellen, tastet im Traum mit Fangarmen und Saugnäpfen nach dem erlebenden Ich?

Öde sind die zwölf guten Feen; erst die dreizehnte, die böse, macht die Geschichte spannend, in Grimms Märchen wie in den Berichten von Vampiren und Serienkillern heute. Der gute Gott der Symbiose ist unsichtbar; wir bemerken seine Existenz erst, wenn er plötzlich verschwunden ist und die Angst nach uns greift. Sanft und nachdrücklich hat es Hans Carossa formuliert:

Was einer ist, was einer war,
beim Scheiden wird es offenbar.
Wir hören nicht, wenn Gottes Weise summt,
wir schaudern erst, wenn sie verstummt.

Das ist heute ein Spruch für Todesanzeigen geworden. In dem alten Wort *schaudern* steckt aber sehr viel mehr.

Die zwischen »immer noch« und »nicht mehr« schwebenden Symbiosen zeigen die immense Bedeutung der Leere in jedem Ritual. Es muss ein Ort zu finden sein, in dem das Alte nicht mehr allein prägt und das Neue noch nicht. In Liebesbeziehungen ist das oft eine Trennung, die nur Leere schafft, aber noch nicht durch eine neue Bindung gefüllt ist.

Die Macht des romantisch-narzisstischen Rituals gegenüber einer pragmatischen, an Bedürfnisbefriedigung orientierten Sicht zeigt sich in der Position, es sei verwerflich, ein Signal für primitive Gier und Rücksichtslosigkeit, nach einer Trennung sogleich wieder eine Beziehung einzugehen.

Die junge Frau, die sich von einem Freund trennt, den sie schon längere Zeit langweilig und selbstbezogen findet, kündigt einer langjährigen guten Freundin die Beziehung auf, als sie entdeckt, dass diese sich mit dem von ihr entwerteten und abgelegten Mann trifft. Das geht einfach nicht, das ist Verrat! – Und was, bitte sehr, nehme ich dir weg? Du wolltest doch nichts mehr mit ihm zu tun haben, du jammerst schon seit Monaten, dass er dich langweilt, aber jetzt bist du auf einmal sauer, dass ich mit ihm ausgehe!

Der symbiotische Modus hat hier nach der Freundschaft gegriffen: Es passt einfach nicht, dass *ich* jemanden langweilig finde, den *du* für spannend genug hältst, um mit ihm auszugehen! Zugleich stellt das Interesse der Freundin die eigene Entwertung infrage: Vielleicht habe *ich* einen Fehler gemacht, war *er* spannend und *ich* langweilig? Hat er sich jetzt, weil ich mich so engagiert habe, endlich doch verändert, bemüht sich mehr, und sie erntet, wo ich gesät habe?

Solange das Gegenüber keine neue Beziehung aufnimmt, gedeiht die Fantasie, dass die Trennung nicht definitiv sei und jederzeit ungeschehen gemacht werden könne. Wenn der Platz besetzt ist, den bisher ich eingenommen habe, füllt sich der Raum des Übergangs und verdrängt die vertrauten Bilder, dass sich nichts wirklich verändert hat. Sind die getrennten Partner durch Kinder verbunden, setzt sich die Scheinsymbiose oft noch über Jahre in der Form fort, dass zwar neue Beziehungen aufgenommen werden, den Kindern gegenüber aber die Illusion bestehen bleibt, dass Papa und Mama zwar getrennt wohnen, aber keiner von ihnen sich wieder gebunden hat. Die neuen Partner kommen nur dann ins Haus, wenn die Kinder nicht da sind.

Die symbiotischen Bedürfnisse der getrennten Eltern werden in diesen Fällen in die Kinder projiziert. Diese sind oft viel neugieriger und sachlicher, als es die Eltern wahrhaben wollen. Sie forschen im Badezimmer und finden heraus, dass es Utensilien gibt, die für einen zweiten Erwachsenen im Haushalt sprechen. Moralische Grundsätze – »Meine Tochter darf keinen Ehebrecher kennenlernen!« – interessieren Kinder ebenso wenig, wie sie es den Eltern danken, dass diese sie vor der Realität einer homosexuellen Partnerschaft »bewahren« möchten – »Dass ich einen neuen Freund habe, kann unser Sohn ja ruhig wissen, aber auf keinen Fall darf er erfahren, dass du jetzt mit einem Mann zusammen bist!«

Das symbiotische Ritual der verleugneten Differenz, der ausschließlichen Spiegelung und der Kontrolle über das Liebesobjekt zeigt in diesen konflikttträchtigen Resten seine Macht. Primär bedrohlich ist wohl der Verlust der Spiegelung, der Illusion, dass das Objekt »gut« ist, zuhört, Aufmerksamkeit schenkt, bereit ist, zu helfen.

Da gesunde Erwachsene diese Hilfe an sich nicht brauchen, gibt das glaubwürdige Versprechen den Ausschlag. Überschätzung und Idealisierung erfassen die Subjekte, ziehen sie mit. *Sich verlieben* hat im Deutschen eine flüchtigere, quasi zu Fehler, Irrtum und vor allem zur Vergänglichkeit hin offene Seite. Ver-lieben klingt nach Ver-sehen, Ver-gehen, Ver-fehlen. In der Langzeitperspektive tritt ein »immer noch« oder ein »nicht mehr« an die Stelle der Vorsilbe: »Ich liebe dich immer noch – ich liebe dich nicht mehr.«

Das englische *fall in love* und das französische *tomber amoureux* bieten eine andere Qualität als das italienische *innamorarsi,* das spanische *enamorarse,* das griechische *eroteuomai.* Die Franzosen sind, wie das Klischee es gebietet, in Liebesdingen besonders differenziert; neben dem *tomber amoureux* gibt es *s'amouracher* für die törichte, die unpassende Liebe; man kann es wohl mit »vernarrt sein« oder »sich verknallen« übersetzen, aber die Liebe ist, anders als in der deutschen Übertragung, noch im Wort geblieben.

In Portugal gebraucht man *apaixonar-se,* während in Italien *appassionarsi* eher für nichterotische Leidenschaften gilt – *Sono appassionato di calcio* heißt »Ich bin ein Fußballfan«.

Das Ritual der festen Bindung

In der *Zauberflöte,* Mozarts Oper über Licht und Finsternis, erhabene und irdische Liebe, geht es um Bindung und Verrat. Tamino bricht das Versprechen, das er der nächtlichen Königin gegeben hat, Pamina fühlt sich von ihm verraten, weil er das Gebot der Priester wichtiger nimmt als seine Liebe zu ihr. Die Königin der Nacht will ihre Tochter mit dem Treuegebot und der Drohung, sie zu verstoßen, zur Mörderin machen. Und Papageno sagt,

was andere nur denken: *Ich will dir ewig treu bleiben...*
solange ich keine Schönere finde!

In den Liebesbeziehungen der Moderne wird Untreue
als Verunsicherung, als mehr oder weniger verzeihlicher
Bruch eines Sicherheitsversprechens erlebt. In dem Holly
wood-Melodram packt der/die Betrogene gleich nach der
schmerzlichen Erkenntnis die Koffer. In den Umfragen
der Meinungsinstitute ist »Treue« nach wie vor ein Wert,
ohne den sich die meisten Menschen eine Partnerschaft
nicht vorstellen können.

Allerdings gibt es einen charakteristischen Abbau dieses Ideals mit fortschreitendem Alter. Erheblich mehr 20-
als 50-Jährige halten die Treue für unverzichtbar.

Geborgenheit wird in der Moderne umso wichtiger,
je ausgeprägter die Freisetzungsprozesse sind. In Groß-
familie, Inselwelt, Dorf, Gebirgstal fühle ich mich geborgen, auch wenn meine Ehe kriselt. Es gibt sozusagen eine
Heimat außerhalb des Liebespartners. In Großstädten
suchen viele Menschen allein bei der Person, mit der sie
Tisch und Bett teilen, ihre Ersatzheimat. Die ungestü-
men Bürger der Moderne verlieben sich und glauben für
eine Weile, sie hätten Heimat gefunden. Sie entlieben
sich, wenn ein Schatten auf die Beziehung fällt.

Nicht wenige verharren in einem Modus der Suche.
Wer sich immer trennt, wenn es wieder nicht die »richtige Beziehung« war, gerät in eine ähnliche Leere wie
der ungeduldige Fernsehzuschauer, der seine Abende zu
Fragmenten zerzappt.

Eine Bindung festigt sich, wenn eine Eifersuchtskrise
verarbeitet, eine Aggression gegen den Partner zugelassen
und durchgestanden werden konnte. Wer sich tiefer ein-

lässt, muss zwangsläufig mit Enttäuschungen fertig werden und die Illusion der Verliebtheit aufgeben. In diesem Prozess wird die Beziehung vom Ideal zur Wirklichkeit, von der moralischen Forderung zur emotionalen Basis.

Die vielleicht stolzeste Leistung der gemeinsamen Entwicklung eines Paares ist es, dem Partner eine Untreue zu verzeihen, zu erkennen, dass er in Unwesentlichem fremdgegangen, im Wesentlichen aber geblieben ist. Der typische Eifersuchtskonflikt dreht dieses Verhältnis um: Mit dem Auftreten des Dritten ist alles verloren.

Dem Modus von Personen, die Beziehungen vor allem als Funktionieren erleben, kommt es zupass, emotionale Unbeweglichkeit als Treue auszugeben. In der therapeutischen Praxis lernt man Menschen kennen, die jeder festen Beziehung ausweichen, weil sie als Kinder einem in dieser Weise »treuen« Elternpaar ausgeliefert waren. Zuerst scheint es rätselhaft, weshalb derart wohlgeordnete Familienverhältnisse sie nicht zu mehr Zuversicht inspiriert haben. Bei genauerem Hinsehen erkennt man hinter dem Schleier der Norm die Normopathie, die Unfähigkeit der Eltern, sich miteinander zu entwickeln, sich aneinander zu freuen, ihre Beziehung zu erfüllen. Dem Kind wird dann die Ehe wie eine Fallgrube erscheinen, aus der es nur den Ausweg in ein Gefängnis gibt.

Ein falscher Freund der Treue ist die Trägheit, und ein ehrlicher Feind, aus dem ein Verbündeter werden kann, die Neu-Gier. Mit Bindestrich geschrieben, verliert sie etwas von der Harmlosigkeit des Hinguckens und Hinhörens ins Unbefugte. Sie wird als starkes Motiv deutlich, das den Menschen bewegt, das Bekannte zu verlassen und »fremdzugehen«.

Der Mensch, dem wir uns zuwenden, ist unerschöpflich, wenn wir erst angefangen haben, seine Realität zu akzeptieren und ihm nicht wie ein Missionar, sondern wie ein Forscher, ein Ethnograf zu begegnen. Der Fanatiker sieht immer nur Ansatzpunkte, den anderen so zu machen, wie es ihm seine eigene Überzeugung von richtig und falsch gebietet. Der Forscher hingegen akzeptiert seine Unwissenheit und lässt sich überraschen; er stellt Fragen und verzichtet darauf, zu missionieren.

Feste Bindungen haben es in der globalisierten Konsumgesellschaft schwer. »Ex und hopp« dient ihrer Expansion. Spontan erwarten wir, dort besser behandelt zu werden, wo wir treu geblieben sind. Aber moderne Kaufleute sabotieren diese Haltung, weil ihnen der Neukunde wichtiger ist als alles andere. In einem orientalischen Basar wie beim eingesessenen Handwerker kommt der vertraute Kunde besser weg als der unvertraute. Im modernen Marketing vieler Dienstleistungen verhält es sich umgekehrt: Je neuer der Kunde, desto günstiger der Preis. Wer nicht ständig bereit ist, die vertraute Geschäftsbeziehung zu kündigen, hat Nachteile.

Für die Treue zu meiner Sparkasse, meinem Energieanbieter, meinem Telefonvertrag zahle ich höhere Gebühren. Angesichts hoher Energiepreise haben marktgeile Politiker die dumme Treue von Konsumenten beklagt, die nicht in der Lage sind, für ihren Strom fremdzugehen. Ich finde das einen Schritt in die falsche Richtung, denn je weniger der Einzelne heute von der immensen Komplexizität der Moderne einschätzen kann, desto wichtiger wären Vertrauen und verlässliche Bindungen.[20]

Zu der ersten Fassung dieser Thesen, die ich auf meine Website stellte, schrieb ein junger Mann eine Mail. Er sei 27 Jahre alt und lebe in Berlin in einem Umfeld, in dem es praktisch keine monogamen Beziehungen mehr gebe. Jede Chance solle gelebt werden, alles sei offen, polyamourös oder gar nicht weiter definiert, laufe auf eine hektische Suche nach Chancen hinaus. Er selbst habe beobachtet, dass seine »festen« Beziehungen immer kürzer dauerten; in den letzten Jahren habe er den Versuch, wieder in eine solche zu finden, ganz aufgegeben. Die Nachtklubs seien wie Supermärkte. Jeder suche das beste Produkt im Regal, und wenn es nicht zu haben sei, verlasse man eben den Laden.

Der junge Mann schloss mit der Frage: *Wie kann ich meine Muster durchbrechen, ein Gegenüber für längere Zeit attraktiv finden, ohne die Libido zu verlieren und schon wieder nach anderen zu schauen? Wie kann man Verzicht erlernen?*

An der Frage finde ich beim erneuten Lesen den Wechsel vom »ich« zum »man« angesichts der Frage nach dem Verzicht sprechend. Ich will meine Libido behalten, man aber soll den Verzicht leisten? Der Mangel an festen Bin-

---

20 Dieser Text mit dem Titel *Feste Bindungen* wurde ursprünglich 2011 auf Einladung des Thalia-Theaters in Hamburg für einen Almanach verfasst, in dem es auch um die Bindung der Abonnenten an die Bühne ging. Ich habe ihn hier stark gekürzt und ergänzt.

dungen und an einer befriedigenden Erotik kann heute in einer Weise abgewehrt werden, die vor den Kommunikationsmöglichkeiten durch mobile Computer undenkbar war.

Es gibt heute verschiedene Programme, welche jedem Nutzer vermitteln, die Welt sei angefüllt mit Menschen, die an nichts anderes denken als daran, sich zu verlieben: Okcupid, Lovoo und vor allem Tinder. Tinder (Zündholz, Zunder) ist die bekannteste Dating-App der Welt, in Deutschland nutzen sie gegenwärtig zwei Millionen Menschen, Tendenz steigend. Das Programm wurde auf dem Campus der University of Southern California entwickelt. Ein Jahr nach der Einführung im Jahr 2012 besuchten 60 Prozent der Benutzer täglich, viele davon sogar mehrmals täglich die Flirt-Suchmaschine.

Tinder kann kostenlos geladen werden, man braucht aber ein Facebook-Profil. Aus diesem holt Tinder Bilder, die Freundesliste, Alter und Geschlecht, vielleicht auch noch »Gefällt mir«-Angaben. Durch die Satellitennavigation, über die heute die meisten Smartphones verfügen, sorgt Tinder dafür, dass in einem wählbaren Radius (zwischen zwei und über 100 Kilometern) Flirt-Interessierte auftauchen und in einem simplen System auch wieder verschwinden – nach links wischen heißt: »Nein, danke«, nach rechts: »Ja, bitte«. Was hier zählt, sind nicht die Ergebnisse eines Fragebogens. Was zählt, ist die Liebe oder Nichtliebe auf den ersten Blick.

Ist sie nicht da, gibt es keine Kränkung, das Programm meldet einfach nichts. Wenn sich aber zwei nach rechts wischen, kann ein Dialog beginnen. Auf den ersten Blick wirkt das wunderbar, man möchte nochmal 18 sein. *Wir haben die Angst vor Zurückweisung abgeschafft*, wird der Tinder-Gründer Sean Rad zitiert.

Damit aber auch die Einmaligkeit, die aus der Überwindung von Ängsten wächst. Das Besondere, Schicksalshafte von Flirt und Liebe geht unter im Kandidatenpool, aus dem passende Partner in den Warenkorb gelegt werden. In Wahrheit lässt sich die Angst vor Zurückweisung nicht abschaffen, sie lässt sich nur aufschieben und noch einmal aufschieben, bis das Leben selbst unter der Hoffnung auf Optimierung aufgeschoben worden ist.

Was eher abgeschafft oder zumindest beschädigt wird, ist die Empathie. Wer unter vielen Liebesangeboten wählen kann, muss sich nicht mehr fragen, woran es liegt oder lag, wenn eine anfangs interessante Beziehung (in der Sprache von Tinder ein »Match«) nicht mehr weitergeht. Solange der Nachschub nicht erschöpft ist, können Grenzen der eigenen Fähigkeit verleugnet werden, einen Kontakt zu festigen und weiterzuentwickeln.

Wenn der soziale Druck schwindet, spätestens mit 25 Jahren verheiratet zu sein, und Eltern nicht mehr die Ehen ihrer Kinder bewachen und arrangieren, wird sich zwangsläufig die Zahl der Menschen vermehren, die noch mit 45 nach einer besseren Partie Ausschau halten. Je mehr Wahlmöglichkeiten, desto höher die Ansprüche, desto schwieriger die Entscheidung. Wer einige attraktive Angebote ausgeschlagen hat, wird sich sehr schwer tun, *unter* diesem nun geweckten Anspruch zu bleiben, auch wenn alle künftigen Angebote schlechter sind als die ersten.

Der einsame Segler findet eine Insel. Sie ist schön, aber nicht schön genug. Er segelt weiter. Die nächste Insel ist längst nicht so schön wie die erste – er ankert nicht, das wäre ja ein Rückschritt. Die dritte Insel in Sicht ist noch schlechter, aber allmählich werden seine Vorräte knapp …

Es ist keineswegs kompliziert, Verzicht zu erlernen. Allerdings sind dafür in der menschlichen Entwicklungsgeschichte nicht Einsicht oder Überzeugung als Lehrmeister vorgesehen, sondern Not und Angst. Sobald die Verlustangst größer ist als die Hoffnung auf Gewinn, werden wir die Trennung von einem Liebesobjekt vermeiden.

Um in der Realität weiterzukommen und Entwicklungschancen wahrzunehmen, müssen wir die Illusion aufgeben, hinter dem Horizont werde alles besser. Denn es kann dort auch schlechter werden. Die Eingeborenen der Konsumgesellschaft freuen sich nicht mehr darauf, erwachsen zu werden. Sie tun es notgedrungen, weil es noch weit unangenehmer ist, als Dauerjugendlicher alt zu werden.

Es gibt viele Belege dafür, dass eine feste Bindung, die als positiv erlebt wird, Menschen länger leben lässt und ihre Gesundheit insgesamt fördert. Wer Bindungen vermeidet, schützt sich vor Affekten, deren Verarbeitung sein Ich überlasten würde – oder kräftigen könnte. Welche von beiden Alternativen zutrifft, lässt sich erst im Nachhinein entscheiden. Für das statistisch gesehen gesündere Leben in der Gemeinschaft mit einem Partner gilt ein wichtiger Einwand: Nicht alle Verheirateten leben auch in einer Bindung, die ihr Leben positiv prägt.

Statistiken erfassen problemlos Verheiratete, Geschiedene und Ledige, ihre Erkrankungswahrscheinlichkeit und ihre Lebenserwartung. Aber sie sagen nichts darüber aus, ob jemand in einer Ehe lebt, die ihn entspannt, oder in einer, die ihn belastet und quält. Wir dürfen nicht glückliche Partner mit unglücklichen Singles vergleichen, wenn wir wirklich herausfinden wollen, wie Gesundheit und Lebensform zusammenhängen.

Während es in der Regel gelingt, sich in die Sehnsucht nach einer Beziehung einzufühlen, finden Menschen wenig Verständnis, die eine Beziehung schlechtreden, aber sich dennoch nicht trennen. Solche Beziehungen beruhen auf komplexen Ritualen, die nicht leicht zu durchschauen sind.

In der Entwertung des realen Liebesobjektes sagt der Betreffende, er habe Besseres verdient, was er bekommen habe, reiche nicht aus, um seinen narzisstischen Hunger zu stillen. Der Dichter Heinrich von Kleist hat es, kurz bevor er Henriette Vogel und dann sich selbst erschoss, noch radikaler gesagt: Ihm sei *hienieden nicht zu helfen*. Was er an Liebe und Anerkennung in der irdischen Realität finden könne, genüge ihm nun einmal nicht.

Schutzrituale: Surrogate der Sicherheit

Die einsame Überlegung, wie ich meine Beziehung richtig führe und das Gegenüber dazu bringe, meine Erwartungen zu erfüllen, ist das einfachste Schutzritual. Es lässt sich in viele Richtungen weiterentwickeln. Ich kann trainieren, Körpersprachen zu lesen, und die Überzeugung aufbauen, auf diesem Weg zum »wahren Ich« meines Gegenübers vorzudringen.

Ich kann Freundinnen und Freunde fragen, was sie von der keimenden Beziehung halten. Ich kann einen Detektiv engagieren oder selbst zu einem werden, wie der Computerspezialist, der das Smartphone seiner Partnerin so umprogrammiert, dass er sie jederzeit abhören kann. Die Beliebtheit von TV-Serien wie *Lie to me* (deutsch: »Lüg mich an«), in der Experten mit untrüglichem Blick gefeiert werden, zeigt das Bedürfnis nach Schutzritualen so gut wie der Glaube an Horoskope oder die Recherche im Internet.

Nicht weniger bizarr ist das Schutzritual des Gentests, mit dessen Hilfe der passende Partner ermittelt werden soll.

Bei Mäusen ist nachgewiesen, dass sie sich bevorzugt mit anderen Mäusen paaren, deren Geruch eine andere Zusammensetzung der MHC-Gene signalisiert. Sie erkennen diese am Geruch.

Die MHC-Gene stehen für *major histocompatibility complex*; sie wurden vor allem von den Transplantationschirurgen erforscht, weil sie die Abstoßung implantierter Organe regulieren. Je mehr Vielfalt in diesen Genen bei den Eltern, desto besser sind die Kinder gegen Erreger geschützt (und desto anfälliger wären sie für Allergien).

In den entsprechenden Experimenten mit menschlichen Probanden geht es nicht mehr um Paarungen, sondern um Anmutungen, in diesem Fall durch T-Shirts, die von Männern und Frauen tagelang getragen und als Duftspender konserviert wurden. Parallel dazu wurden die Gene im MHC-Komplex der Versuchspersonen bestimmt.

In der Tat fanden die Versuchspersonen den Geruch

von Personen des anderen Geschlechts anziehender, wenn deren Gene sehr verschieden von den ihren waren. Diese etwas dubiose Statistik über Geruchsproben wurde kommerzialisiert und unter dem Begriff *Gmatch* vermarktet. Ein Wattestäbchen wird nach dem inzwischen aus Kriminalfilmen bekannten Prinzip der Probenentnahme mit genetischem Material bestückt und gegen Vorkasse untersucht, das heißt die MHC-Gene werden analysiert. Nach kurzer Wartezeit steht dann der Singlebörse das genetische Matching zur Verfügung.

Diese Episode zeigt exakt, dass es auch andere Menschen gibt, die genauso viel Angst haben, etwas falsch zu machen. Von »genetisch passen«, wie angekündigt, kann eine wissenschaftliche Rede genauso wenig sein wie von den »unterbewussten« Geruchsbotschaften, die sich angeblich auf diesem Weg entschlüsseln lassen. Warum einen Gentest einreichen, wo doch völlig klar ist, dass den Ausschlag nicht der Test geben wird, sondern – wie immer – das komplexe Interagieren im Aufbau einer Bindung? Weil Wissenschaft, auch wenn sie nicht mehr ist als Theater, *Sicherheit* verspricht.

Die Klage »Ich kann mich nicht richtig verlieben« beleuchtet den nächsten Schritt zum Ausbau des Schutzrituals. Sich zu verlieben ist ein simpler Affekt. Wir verlieben uns in Bilder, in Töne, in Stimmungen, im Kindergartenalter vielleicht jeden Tag in ein anderes Kind, in einen Erwachsenen, in eine Stimme, in ein Tier. Es zieht uns etwas an, wir wollen ihm nahekommen und nahe bleiben.

Der Anspruch, diesen einfachen Akt »richtig« zu machen, entfremdet ihn dieser spontanen Produktion von

Wünschen. Spontane Verliebtheit ist eng mit Neugier verwandt. Wer sie zulässt und akzeptiert, wird sich ihrem Gegenstand nähern und dann aus dessen Reaktionen herausfinden, wie es weitergehen kann. Da er sich oft verliebt, kann er auch offen mit diesem Gefühl umgehen, es behält seine experimentelle Qualität, es kann auch wieder aufgegeben werden, wenn es nicht erwidert wird, gewinnt aber schnell an Kraft und lebensprägender Macht, wenn es erwidert wird und sich in einer Spiegelung stärkt.

Je mehr verleugnet werden muss, um diese Spiegelung zu erleben und aufrechtzuerhalten, desto riskanter bleibt die Beziehung. Die Rituale gleichen dann Apparaten, in denen an manchen Stellen feste Substanz durch Knetmasse ersetzt wurde: Sie sehen normal aus, halten aber Belastungen nicht stand und lassen sich im Störungsfall kaum reparieren.

Die hochindividualisierte Konsumgesellschaft hat die Verliebtheit mit Bedeutungen und Forderungen überfrachtet: Heiß soll sie sein, schnell soll sie sein, perfekt soll sie sein, nicht flüchtig, sondern fest, nicht auf Bestätigung angewiesen, sondern belastbar und frustrationstolerant. Die Klage »Ich kann mich nicht verlieben« wird zum Schutzritual, wenn sie einem möglichen Gegenüber *mitgeteilt* wird. Wenn wir uns trotzdem zusammentun könnten, wäre das doch eine gute Sache ohne unerfüllbare Ansprüche.

In dem Film *Some Like it Hot* (»Manche mögens heiß«) von Billy Wilder wird das Schutzritual doppelt ironisch gebrochen. Die schöne Sängerin möchte sich auf gar keinen Fall noch einmal in einen windigen Saxofonspieler verlieben. Deshalb spielt der Musiker einen traumatisierten Millionär, der sich nicht verlieben kann und so den Ehrgeiz der Sängerin weckt, ihn vom Gegenteil zu überzeugen.

Der letzte Satz in *Manche mögens heiß*, »Niemand ist vollkommen«, weist den Weg aus diesem Dilemma: Wie können wir Rituale finden, welche sozusagen um unsere Unvollkommenheiten, Schwächen und Störungen herum das Funktionieren der Liebe möglich machen?

In der individualisierten, von Konkurrenz bestimmten Gesellschaft hat die Verliebtheit die Qualität der Neu-Gier gegen eine Rivalität getauscht, die nach vielen Lebensbereichen greift. Hält das Objekt, was es beim ersten Eindruck versprochen hat? Man sucht sich seinen Klub selber, man wird nicht in ihn hineingeboren. Prompt folgt das ganz und gar nicht nur scherzhafte Dilemma: Was kann schon ein Verein wert sein, der keine Einwände hat gegen Mitglieder wie mich?

Auch die Liebe hat inzwischen den menschlichen Ehrgeiz geweckt. Sie ist nicht mehr Zufall und Schicksal, uns angetan von einer Göttin oder einem Gott, sondern Arbeit, Leistung, etwas, worin wir uns auszeichnen können – oder versagen. Wer um eine Beziehung kämpft, vor der die Vernunft warnt, vergisst seine Ängste. Er ist allemal besser als sein Gegenüber. Im Grunde ist es auch ein Schutzritual, wenn jemand unbedingt einen Partner festhält, den sonst niemand erträgt, wenn er Abweisungen ignoriert und durch einen Mangel an Erwiderung seiner Liebe nicht abgeschreckt, sondern angespornt wird.

Die Erfahrung mit solchen Ritualen zeigt nicht selten, dass in dem Augenblick, in dem das bisher so spröde

Objekt die Zuneigung erwidert, Unsicherheit aufkommt. Der Verein würde mich jetzt aufnehmen. Aber will *ich* noch hinein? Ich finde Gegenliebe, kann ich sie auch angemessen erwidern? Wer sich etwas schenken lässt, verliert die Aufwertung im Geben, die Bestätigung durch das Tun.

So steht das moderne, individualisierte Paar immer wieder vor einem Liebesparadox, das durch die Verbindung von Leistung und Liebe entstanden ist und so lange unlösbar bleibt, wie die Partner nach einer richtigen, endgültigen und perfekten Lösung suchen. Wir versagen in der Liebe und brauchen gerade darin liebevollen Trost; wir entwerten, was wir bekommen, weil uns Abhängigkeit beschämt. Vollkommene, wahre Liebe ist unmöglich, aber indem die Liebenden diese Unmöglichkeit vergessen, können sie ihre ganz persönliche Wahrheit zur Tat werden lassen und sie in Ritualen binden.